AF600547

THE CATHOLIC UNIVERSITY OF AMERICA
CANON LAW STUDIES
Number 62

LEGISLACION DE LA IGLESIA SOBRE LA INTENCION EN LA APLICACION DE LA SANTA MISA.

Breve Sinopsis histórica y Comentario canónico.

DISERTACION

Presentada a la Facultad de Sagrados Cánones
de la Universidad de América
opción al grado de

DOCTORADO EN DERECHO CANONICO

por el

REV. LUIS ANGULO MARTINEZ, J. C. L.
Sacerdote de la Congregación de la Misión.

THE CATHOLIC UNIVERSITY OF AMERICA
WASHINGTON, D. C.
1 9 3 1

Imprimi potest:

PEDRO ANGULO, C. M.

Visitator Provinciae Insularum Philippinarum.

Nihil obstat:

LUDOVICUS H. MOTRY, S. T. D., J. C. D.,

Censor Deputatus.

Washington, D. C., die XXVI Martii, 1931.

Imprimatur:

M. O'DOHERTY, D. D.,

Archiepiscopus Manilensis.

Manilae, die XXII Aprilis, 1931.

INDICE

INTRODUCCION

Cristo, nuestro Redentor, Sacerdote eterno, como le llaman las sagradas páginas, concebido desde el principio por el amor del Dios Padre, engendrado en el tiempo de una Virgen sin mancha, hecho hombre para cumplir la voluntad divina de la augusta Trinidad, viene a vivir con nosotros, para ejecutar la noble y sublime misión que sobre sus hombros pesa; misión que levanta un reino, que le acarrea desprecios y burlas, que le lleva a la muerte, que le hace expirar en la cruz. ¡Qué fructífera fué su venida!

Omnipotente como Dios, abrasado en el amor eterno, siendo la misma caridad, no quiere huérfanos en la tierra; crea, inventa un medio, incapaz de concebir la mente humana, medio que une dos mundos, el terreno y el celeste, el espiritual y temporal. Ya no es la aparición de Dios a Moisés, cubierto en obscura y densa nube; (1) ya no es la presencia de Dios al patriarca Abraham, al aparecérsele los ángeles; (2) ya no es la voz eterna que avisa a Noé; (3) no es Dios en figura o símbolo, es la misma realidad, vista cara a cara, sin sombras ni espejos durante un período de treinta y tres años y cubierta bajo especies sacramentales hasta la consumación de los siglos. Es Cristo, Ipse enim Dominus qui semetipsum pro omnium reconciliatione Patri libans, victima sacerdotii et sacerdos suae victimae fuit. (4) Es aquel que ofreciéndose a sí mismo, crea el sacrificio más augusto que vieron los siglos y contemplaron las generaciones, no permitiendo que ningún otro fuera el creador de la Eucaristía; ni profeta, ni patriarca, ni justo, ni ángel, ni miembro alguno de la corte celestial. (5) El mismo, Cristo, instituyó este sacramento, y por medio de él convive hasta el fin de los tiempos con la humanidad, que alimentada con tan rico y abundante maná, gozará constantemente de su presencia y de su gracia. Ninguna duda debe, pues, de existir en la mente humana de que Dios sólo perfeccionó y obró este misterio. Para que más se

(1) Exod., XIX, 9.
(2) Gen., XVIII, 1-2.
(3) Gen., VI, 13 y sig.
(4) Bona, Opera Omnia, p. 203.
(5) Bona, Loc. cit.

admire su obra y para que más se grave en las almas el banquete eucarístico, la última Cena, que celebra Dios con los hombres, escuchad las consoladoras palabras, mandato que El mismo impone a sus discípulos: haced ésto en memoria mía. (6) Los discípulos de Jesús no desatendieron la orden de su Maestro; erant perseverantes in communicatione fractionis panis. (7)

Unidos a su Maestro y ligados a El por la Eucaristía, fortalecidos por la fé, sostenidos por la gracia e impulsados por la caridad, se apellidaron héroes del cristianismo por sus hazañas, apóstoles de la verdad por la intrepidez y el ardor con que la predicaron; ya no existe el temor; el Cenáculo abrió suspuertas; Jerusalén escuchó sus voces, el mundo entero los admiró. Poderosos por la gracia, creadores del mismo Dios, atraen en pos de sí a inmensas multitudes que aceptan la buena nueva, que apetecen la luz divina, esperando al sol naciente, para que ilumine la obscuridad de su ser. Apóstoles y pastores, con solicitud sin par, ganan prosélitos para Cristo. Accipite et manducate, repiten por doquier, recibid y comed; Ego enim accepi a Domino quod et tradidi vobis, quoniam Dominus Jesus in qua nocte tradebatur, accepit panem et gratias agens, fregit et dixit, accipite et manducate. (8) Así llamaron a aquellos que se alistaron bajo la bandera única que es la cruz; así invitaron a los incrédulos y creyentes para engrosar las filas del Crucificado, formando las primicias que un día ofrendaron a Dios y de este modo se fué formando y organizando la sociedad católica y cristiana, que desde hace veinte siglos viene ensanchando su campo, predicando la misma doctrina, conservando los misterios dejados por Cristo, para que se encienda la caridad, se afirme la fé y arraigue más y más la esperanza de todos los que siguen las huellas del divino Redentor. Así educaron a los primeros cristianos, para que penetrados del amor que Cristo manifestó a los hombres, principalmente por el Sacramento Eucarístico, formaran el carácter fuerte, que robustecido por la gracia de la Eucaristía, afrontara los sufrimientos que más tarde le causaran las persecuciones. El deseo de la Iglesia y la voluntad de Cristo se ha venido cumpliendo a través de los siglos y hoy día en todo el orbe existen pueblos, que llenos de fé, van en busca del banquete eucarístico, hallando en él un lenitivo a sus males y una ayuda para sus hermanos en la fé. Comprenden sabiamente que no son los sonidos de una campana, moldeada con los cañones guerreros, los que anuncian la paz al mundo, ni el duro hie-

(6) Luc., XXII, 19.
(7) Hechos de los Apóstoles, II, 42.
(8) S. Pab. I Cor., XI, 23-24.

rro que un día sembró los campos beligerantes de millares de cadáveres lo que trae a nuestra memoria el dulce y consolador recuerdo de aquellos sees unidos a nosotros por la sangre o por la amistad, los cuales ya dejaron de existir; saben que es el eco divino, guardado por la Iglesia, que llevado por las espirituales ondas de la fé, repercute en todas las conciencias cristianas, manifestando el consuelo que ofrece, la confianza que inspira, la caridad que encierra aquella obra magna que un día llevó a cabo Jesús, la Santa Misa, y la Iglesia que no es sorda a las voces de Dios, ha proclamado por doquier la necesidad que tenemos todos sus hijos de servirnos de tan augusto misterio y desea que le usemos para remedio de nuestros males, para alivio de nuestros hermanos y para sufragio de las almas benditas que están purificándose en el Purgatorio. Esta es la razón por la cual consigna en el Código de leyes el debido uso del sacrificio de la misa y legisla, para que se haga la debida aplicación del mismo sobre los sujetos capaces de recibir tal aplicación.

PARTE PRIMERA

CAPITULO I

ASPECTO TEOLOGICO DE LA CUESTION

Aunque el asunto de la presente disertación está basado en el canon 809 y la Tésis debe de ser mirada bajo el aspecto canónico, sin embargo es tal la trabazón y unión que hay en determinadas cuestiones en las ciencias eclesiásticas, que una de ellas llama a la otra, y ambas se complementan; el objeto a considerar es a mi juicio uno de ellos y esta es la razón del título del primer capítulo de la disertación.

Nada hay más grande en la tierra, decía Bossuet, que Jesucristo, y nada más grande hay en Jesucristo que el sacrificio eucarístico. El sacrificio eucarístico, en otros términos la misa, es el solo y único, el real y verdadero sacrificio del nuevo testamento, en el que se sacrifica de un modo místico el Redentor y se entrega a su eterno Padre, como víctima, llegando la Iglesia a anatematizar a todo el que dijere y enseñare lo contrario. Si quis dixerit in Missa non offerri Deo verum et proprium sacrificium, aut quod offerri non sit aliud quam Christum nobis ad manducandum dari, anathema sit. (1) La misa es, como dice S, Buenaventura, "sacrificium bonae operationis et sacrificium devotae orationis et sacrificium inmolationis; primum est virtutum omnium; secundum virtutum teologicarum; tertium spectat ad ipsam latriam; ipsius latriae est sacrificium offerre Deo et hoc sacrificium soli Deo debetur, et latria dicit cultum soli Deo debitum." (2) La misa es el sacrificio cotidiano desde hace ya muchos siglos, ofreciéndose para nuestra reconciliación, purificación y salud. A Jesucristo, que tan ardientemente nos amoó, no le bastó, ni se lo consintió su infinita caridad, el darse y ofrecerse una sola vez a los hombres, sino que abismado en la fuente de la divina Sabiduría, halló el modo misterioso y especialísimo por el cual está continuamente con nosotros, cubierto bajo las especies de pan y vino. Las acciones por

(1) Conc. Trid., Sess. XXII, de sacrif. missae., c. 1.
(2) S. Bonaventura, III, dist., 9, a. 2, q. 2.

buenas que sean, no son todas un verdadero sacrificio; innumerables son las obras y trabajos de los santos que redundaron en alabanza del Omnipotente, consiguiéndoles mucha gloria, pero nunca llegaron a llamarse un sacrificio. En la sagrada Biblia, en muchas de sus partes, especialmente en el Antiguo Testamento, se encuentran ejemplos en los cuales se halla evidentemente la marcada oposición entre el verdadero sacrificio y las acciones que atraen multitud de favores a los viadores de este mundo, a la vez que contribuyen de admirable manera a ensalzar las glorias del Creador; para demostrarlo, bastará citar el pasaje del profeta Oseas: "Misericordia quiero y no sacrificio," (4) o el del libro primero de los Reyes: "mejor es la obediencia que las víctimas." (5) No es mi intento relatar, ni razonar los pasajes bíblicos que consagrados con tal nombre, confirman lo anteriormente dicho; sólo diré que los sacrificios cruentos, no menos que los incruentos llevaron la imagen del Nuevo Testamento; los sacrificios cruentos prefigurando la cruenta oblación de Cristo en la cruz, y los incruentos figurando el de la oblación eucarística, siendo ésta la razón de haber sido llamados tanto unos como otros Sancta Sanctorum. (6) La diferencia esencial que existe y distingue la era cristiana, el período de la Iglesia iniciado por Cristo, del período judío, de la era mosaica, es más que trascendental, basada principalmente en la religión fundada por nuestro Redentor; esta diferencia esencial se halla en que la ley mosaica era sombra de los bienes futuros y la cristiana es la realidad misma de las cosas; (7) la una ley de pena y la otra ley de gracia; (8) la ley mosaica, esclava de la letra que mata; la ley de gracia, unida al espíritu que vivifica; (9) aquella de temor, ésta de amor, aquella de servidumbre, ésta de libertad, aquella de carga, ésta de dulzura. (10) En los diversos artículos del presente capítulo se demostrará cómo la Iglesia tiene en el nuevo, único y verdadero sacrificio de la Nueva Ley todo lo absolutamente necesario e indispensable al Sacrificio, y cómo la misa, el eterno sacrificio instituído por Dios Hombre, es el medio más adecuado para socorrer a la pobre humanidad, para aliviar a los miembros que constituyen su ser, para agrandar el reino del Creador.

---

(4) VI, 6.
(5) XV, 22.
(6) Lambrecht, De ss. Missae Sacrif., P. 1, cap. 4, 5.
(7) S. Pab. Hebr., X, 1.
(8) S. Pab. Rom., V, 20-21.
(9) S. Pab. II Cor., III, 6.
(10) S. Pab. Galt., IV, 31.

ARTICULO I

EL SACRIFICIO DE LA MISA ES UNA OBLACION

El sacrificio de la misa es una oblación; no otra cosa se deduce de la misma Sagrada Escritura: en este libro que está lleno de pura y sana doctrina, en donde el cristiano halla la fuente y el manantial de la verdadera ciencia, de donde brota la luz purísima, donde se obtiene el más perfecto conocimiento de todo lo que atañe a nuestra religión, leemos qué es el sacerdote, aprendiendo al mismo tiempo el cargo que está llamado a desempeñar; "todo pontífice está destinado a ofrecer dones y víctimas, forzoso es que tenga algo que ofrecer. (11) Es el mismo Dios quien ordena y manda al obediente y sumiso Abraham que le sacrifique el ser, que es para él tan querido aquí en la tierra, que le ofrezca como víctima al hijo de sus entrañas; "Toma tu hijo y allí le ofrecerás en holocausto." (12)

Tomando el sacrificio en su verdadera acepción, es un ofrecimiento litúrgico y una inmolación litúrgica. La causa eficiente de la acción latréutica que se conoce con el nombre de sacrificio, es el sacerdote; la víctima que se ofrece y se inmola, es lo que constituye el material elemento; de aquí que tanto la acción litúrgica que abraza el ofrecimiento litúrgico, como la inmolación, es estricta y propiamente hablando el sacrificio, siendo ésta y no otra la noción antigua y verdadera; ser inmolado, es morir por Cristo, palabra que se ha tomado del ritual del sacrificio. (13) Todo sacrificio es una oblación, pero no toda oblación es un sacrificio. (14) La palabra ofrecimiento es un vocablo común, usado para significar toda acción que envuelve en sí el culto tributado a la divina adoración. Es un artículo de fé divina y católica que Cristo está todo entero, que su Cuerpo, su Alma y su Divinidad se hallan entera y substancialmente presentes en el sacrificio de la nueva Ley, y que se halla no solamente presente en el momento mismo de la Comunión, sino tan pronto como el sacerdote pronuncia las misteriosas palabras de la consagración, en la Eucaristía bajo las especies de pan y vino, contenido todo entero y ofrecido como el más puro y rico sacrificio, como la más fructífera y digna oblación.

ARTICULO II

EN LA MISA COMO OBLACION HAY ALGO EXTERNO Y SENSIBLE

Por la sagrada escritura se vé que el sacrificio es una oblación externa de algo externo y sensible con su completa y entera destruc-

(11) S. Pab. Hebr., VIII, 3.
(12) La Palabra allí se refiere al monte llamado Moriah o tierra de visión, donde fué después edificada Jerusalen. Gen., XXII, 2.
(13) MPL., XXXIII, 1368.
(14) S. Tom. 2a 2ae, q. 85, a. 3, ad 3um.

ción e inmutación, ofrecida a Dios por el verdadero y legítimo ministro en reconocimiento y sumisión de su supremo dominio. (15) Generalmente cuando la cuestión versa sobre el sacrificio, siempre se entiende que se trata de una obra que afecta al culto externo, siendo el acto más importante de nuestra religión católica; en éste y nunca en otro sentido es tomado por la historia, cuando habla del culto y religión de los pobladores del universo en las distintas épocas y períodos por los que ha atravesado la humanidad; en el Libro Santo está confirmado innumerables veces al narrar los sacrificios y oblaciones del pueblo escogido de Dios. Ya lo he dejado notado al referir y exponer el sentir de S. Pablo, cuando habla del sacerdote. El mismo apóstol supone que el sacrificio no es una acción simplemente, sino que en él se ha de ofrecer algo; así lo ha creído el pueblo cristiano, creencia conservada por la tradición y por la palabra trasmitida a nosotros desde los mismos apóstoles, desde el mismo Redentor.

No hay duda que el sacrificio es el acto más grande con que se honra a Dios y a El solo es el único a quien se le ofrece como a tal; por él le adoramos, por él pretendemos obtener el perdón, por él le agradecemos los beneficios y por él manifestamos nuestros deseos; máxime obligatur Deo propter ejus majestatem, secundum propter offensam commissam, tertio propter beneficia jam suscepta, quarto propter beneficia operata; (16) por él se aplaca la ira divina y se implora misericordia. Inumerables son las frases del misal romano que lo demuestran: oblatis muneribus placare; placare humilitatis nostrae precibus et hostiis; sacrificiis praesentibus placatus intende; concede propicius ecclesiae dona propitus intuere; hostias placationis offerimus; propitiatus averte; esto propitius plebi tuae; tua propitius dona sanctifica; a cunctis nos reatibus et periculis propitiatus absolve; respice propitius ad munera; haec hostia salutaris fiat tuae propitiatio majestatis; custodi ecclesiam tuam propitiatione perpetua. Por el sacrificio se atribuye a Dios lo que es propio y sólo de El; óigase a S. Agustín, reflejando con sus palabras el sentimiento de la humanidad: "no hay ningún hombre en la tierra, que se atreva a decir que el sacrificio no se limita a solo Dios; verdad es que mucho de lo que pertenece al culto divino se ha injustamente usurpado, para honrar a los hombres, pero en cuanto a ofrecer sacrificios, ¿hay alguno en la tierra que haya creído que se debían a otro que no fuera el verdadero Dios o que falsamente juzgó ser tal? (17 En la Sagrada Escritura se lee cómo era castigado con pena de muerte aquel que ofrecía el sacrificio a otro que no fuera Dios: "quien ofreciera sacrificios a otros dioses, sino es a solo el Señor, será muerto." (18) En el sacrificio de la misa se halla todo lo que había en los sacrificios de la

(15) Ferreres, Compendium Th. Mor., II, p. 257.
(16) S. Tom. 1, 2, q. 102, a. 3, ad 10.
(17) Emanvel, Corpus Scriptorum Ecclesiasticorum Latinorum, XL, 451. MPL., XLI, 281.
(18) Exod., XXII, 20.

antigua ley, y lo contiene de un modo mucho más perfecto. El se halla prefigurado en el antiguo testamento, al ofrecer Melquisedec, rey de Salém pan y vino; pues, era sacerdote del Dios excelso. (19) Lo mismo indica la palabra *proferens*, equivalente a *sacrificare* en semejantes circunstancias, en los sacrificios de Caín y Abel, (20) y en los descritos en el libro de Judit, (21) como parece entenderlo Belarmino. (22) Así lo predijo el profeta Malaquías, cuando anunció el nuevo sacrificio en lugar de los sacrificios judíos, aquel sacrificio que iba a ser ofrecido en todas las naciones de la tierra; (23) aquel sacrificio que supera a todos aquellos en donde la sangre de las víctimas era ofrecida a Dios; (24) aquel sacrificio ofrecido por el Sacerdote eterno que como el apóstol de las gentes era sacerdote para siempre según el orden de Melquisedec; (25) aquel sacrificio administrado a los cristianos de Antioquía; (26) aquel sacrificio instituído en el Cenáculo que resistió los tiempos. Dios nunca ha fallado en sus promesas, ha depositado y dejado al hombre en todos los tiempos lo necesario para obtener su último fin, para el cual fué creado; le ha hecho ver detalladamente los diversos sacrificios que con el nombre de holocaustos existían entre el pueblo judío; sacrificios eucarísticos o de acción de gracias, (27) impetratorios, (28) y propiciatorios; (29) sacrificios que eran sólo temporales y sombras del gran sacrificio de de la nueva ley, representando el Pontífice de la Antigua Ley al gran Pontífice, Jesucristo, que ha alcanzado un ministerio tanto más excelente, cuanto que es mediador de un testamento o alianza más apreciable, la cual fué otorgada sobre mejores promesas. (30) Los sacrificios de la antigua ley eran impotentes para quitar los pecados; (31) el de la nueva ley, el sacrificio de la misa tiene todas las prerrogativas de aquellos y los aventaja infinitamente por las cualidades que en sí encierra, siendo hostia pro peccato, a imitación del de la cruz. Es latréutico, en cuanto que es ofrecido a Dios en reconocimiento de su supremo dominio; es propiciatorio, cuando por él se pretende obtener el perdón de los pecados; satisfactorio o expiatorio si se alcanza la remisión de la pena temporal debida por los mismos pecados; es eucarístico, cuando por él damos gracias a Dios de los beneficios que a diario nos prodiga su generosa misericordia; es impetratorio, cuando se imploran los beneficios por los méritos del mismo Cristo. Contiene todo lo que contuvo el sacrificio del Calvario,

(19) Gen., XIV, 18.
(20) Gen., IV, 3-4.
(21) IV, 16.
(22) Bellarminus, Opera Omnia, III, lib. V, cap. VI, pgs. 481-82.
(23) Malaq., I, 10-11.
(24) Num., XXVIII, 15.
(25) S. Pab. Hebr., VII, 17.
(26) Hechos de los Apóstoles., XIII, 2.
(27) Exod., XXIX.
(28) Levit., XXIV, 5-9.
(29) Num., XXVIII, 15.
(30) S. Pab. Hebr., VIII, 6.
(31) S. Pab. Hebr., X, 4.

pues, se halla la misma víctima, la misma oblación, el mismo fin por el que se ofreció y se ofrecerá hasta la consumación de los siglos. Por él se recuerda no sólo la Pasión, sino que también se hace uno participante de los frutos de la misma. (33)

Según la opinión más común de los doctores, triple es el fruto del sacrificio de la misa por parte de las víctimas: (34) general, especial, y especialísimo. El fruto general, común o especial, es aquel que se adquiere, en cuanto que es obra puesta por el sacerdote, obrando éste en nombre de Cristo y de la Iglesia, para obtener las debidas gracias por las que se atienda a las necesidades generales o comunes de toda la Iglesia y por todos los fieles, pues, todos ellos, mientras no haya obstáculo alguno, participarán del fruto general del sacrificio, no siendo necesario intención especial o aplicación por parte del celebrante. (35) El sacerdote no puede aplicar el fruto general de otro modo, pues al celebrar el sacrificio no debe olvidar la magnanimidad grande que mostró Dios con la humanidad, y ha de tener siempre en cuenta que él es quien está constituído por Dios para ofrecer sacrificios por los pecados del pueblo. (36) Por medio de impetración es este fruto aplicado a los fieles, según el sentir de la mayoría de los teólogos; pero parecen discrepar sobre si es satisfactorio para quellos por quienes se aplica, afirmándolo unos, negándolo otros y poniéndolo en duda. (37) El fruto especial es aquel que viene en favor de aquellos que de algún modo peculiar contribuyen al sacrificio. (38) El fruto ministerial es aquel que por aplicación especial hecha por el sacerdote, recáe en la persona por quien se aplica, o por quienes se aplica especialmente. (39) Es aplicado sólo por el sacerdote que es el único que tiene esta potestad en la tierra: dicendum est sacrificium determinari, ut huic potius prossit speciali modo quam illi ab ipso oferente, quatenus determinat pro hoc vel pro illo et in hoc consistere applicationem, qua dicitur applicari. (40) El ministro del sacramento eucarístico es sólo el sacerdote. (41) El fruto especialísimo es el propio del sacerdote celebrante, (42) pues, cuando el sacerdote celebra, ofrece el sacrificio también por él mismo, como lo expresa S. Pablo, "debet quemadmodum pro populo et pro semetipso oferre pro peccatis, (43) y el Misal romano lo deja indicado: suscipe, sancte Pater Omnipotens, aeterne Deus, hanc immaculatam hostiam, quam ego indignus famulus

---

(33) S. Tom. 3, q. 83, a. 2.
(34) Ferreres, Compendium Th. Moral., II, p. 259-60.
(35) Aertnys, Theolg. Moral., II, 131; Rosset, Theolog. Dogmt. Moral., p. 613; Cappello, De Sacramentis, I, 457.
(36) S. Pab. Hebr., V, 1.
(37) Sporer, De Fructibus Sacrf. Missae, p. 190, n. 233.
(38) Noldin, De Eucharist., III, 193.
(39) Noldin op. cit., III, 194.
(40) Pasqualigo, De Sacrf. Novae Legis, I, q. 161; Suarez, De Eucharist., disp. 79 sect. 9; Coninch, De Sacrament., q. 83, n. 155; Lugo, De Sacrament., lib. 5, c. 3, q. 3, n. 18; Quartus, In Appendicin Rubrica Missal., q. 2, punct. 8-9.
(41) Conc. Triden., Sess. XXII, De Sacrf. Missae, c. 2.
(42) Rosset, op. cit., p. 613.
(43) Hebr., V, 3.

tuus offero tibi Deo meo, vivo et vero, pro innumerabilibus peccatis et offensionibus et negligentiis meis. Que el fruto especialísimo pueda ser aplicado a otros, es incierto; pero si que es cierto que el sacerdote no podrá recibir dos estipendios, correspondientes a los frutos especial y especialísimo, a no ser que la voluntad de los donantes lo permita. (44) La proposición, que afirma que el sacerdote puede recibir dos estipendios, es falsa; "duplicatum stipendium potest sacerdos pro eadem missa licite accipere, applicando petenti partem etiam specialissimam fructum ipsimet celebranti correspondentem, idque post decretum Urbani VIII; "proposición condenada por Alejandro VII. (45) Estando éste sacrificio tan lleno de gracias, siendo el más sagrado y escogido para adorar a Dios se lamenta S. Alfonso y no sabe cómo excusar de culpa al sacerdote, que pudiendo celebrar diariamente la misa, se abstiene de hacer este acto tan agradable al Altísimo sólo por desidia, no teniendo en cuenta que él no sólo celebra por su bien propio, sino que su acción redunda en bien de toda la Iglesia y por todo el pueblo cristiano, cuyo ministro e intercesor fué constituído por el mismo Dios; cuando el sacerdote celebra, honra a Dios, alegra a los ángeles, edifica a la Iglesia, ayuda a los vivos, da descanso a los difuntos y hácese participante de todos los bienes. (46) Salta a la vista

(46) Imitación de Cristo, Lib. IV, cap. V.

la diferencia y distinción que existe entre la mera oblación y la que es propia y pura oblación, que en otros términos se llama holocausto; ella indica por si sola la razón de llevar tal nombre, envolviendo en sí la inmutación de aquello que se ofrece. En el sacrificio de la misa hay una oblación, hay también inmutación de lo ofrecido; se ordena al patriarca Abrahán que haga el sacrificio de su hijo, y le ha de hacer, inmolándole; ésto es lo que constituye el verdadero sacrificio, determinando y especificando así la esencia del sacrificio. Muchas son las opiniones de los teólogos, las cuales no expondré, porque me llevaría muy lejos del fin propuesto. Terminaré este capítulo, diciendo que en el sacrificio de la Cruz hubo inmolación y también la hay en el sacrificio de la misa, siendo esta fiel representación de aquél, añadiendo por último, que desde aquel instante en que la acción de Cristo en la última reunión con sus discípulos, es separada en el tiem- y el espacio del cruento sacrificio de la cruz, no hay duda de que lo solemnizado en el Cenáculo, como sacrificio de la nueva ley sin derramamiento de sangre, es de por sí el sacrificio de la ley de gracia, promulgado en el discurso de la última Cena, "haced ésto en memoria mía".

---

(44) Ferreres, op. cit., II, 260, n. 454.
(45) Decrt. S. C. Off., 24 Sept. 1665, Denzinger, n. 1108.

CAPITULO II

DESARROLLO HISTORICO DE LA APLICACION DE LA MISA

Si de algún canon se puede decir que ha estado vigente durante los veinte siglos que lleva la Iglesia de existencia, a ninguno otro le conviene con más propiedad esta cualidad que al que me sirve de asunto en la presente disertación, según se irá viendo a través de la misma. Hasta principios del siglo XIV estuvo vigente entre los cristianos aquella antigua costumbre, que se podría llamar fórmula, por la cual todos los que deseaban recibir algún fruto del sacrificio se dirigían al ministro del Señor, para implorar un recuerdo en las oraciones que él recitaba como sacedote y ministro público de la Iglesia. Initio soeculi decimi quarti adhuc viguisse in Borussa, eam vetustam loquendi rationem, qua benefactores, qui sibi perpetui sacrificii fructum percipere optarent, significarent per verba: *Commemorationem sibi faciendam in Missa, in Canone et in divinis* officiis; quae commemoratio fieri quoque consueverat expresso benefactorum nomine in ecclesiae prcibus. (1) Hay algo como innato en el hombre que le impulsa a adorar a su Creador. Aún antes de aparecer Cristo sobre la tierra, existió la oblación cruenta, oblación que existió y existe también entre los pueblos bárbaros y gente indómita. (2) En el pueblo cristiano también ha habido una oblación cruenta y al tratar de buscar su origen, necesariamente se ha de acudir al libro más verídico, como es la Biblia, en el que se contiene la profecía y predicción de los acontecimientos que en la plenitud de los tiempos llegaron a verificarse tal y como fueron predichos. En él se narran también los hechos acaecidos en la muerte afrentosa del divino Redentor y sumo Sacerdote, que víctima expiatoria se ofrece a su eterno Padre para salvarnos a nosotros pecadores; más antes en unión con sus discípulos quiere celebrar la Pascua en coloquios íntimos con los que fueron sus primeros apóstoles, Pascua, que según El mismo ha anunciado a los suyos había de ser la última de su vida. Está Jesús en medio de sus apóstoles, va a obrar el portento más sublime, el milagro de los milagros; mientras estaban cenando, toma el pan y lo bendice, lo parte y se lo da a sus discípulos diciéndolos: "tomad y

(1) A S S., V, 582.
(2) Foucart, Histoire des religions et methode comparative, Introduction, p. XCIX, 29.

comed," y tomando el cáliz, dió gracias, le bendijo, y dióselo, diciendo: "bebed todos de él, porque ésta es mi sangre, que será el sello del nuevo testamento, la cual será derramada por muchos para la remisión de los pecados." (3) Así Cristo, antes de separarse de sus apóstoles, consagrando su Cuerpo y Sangre, les entrega su Cuerpo para comer y su Sangre para beber e instituye el sacrificio que El mismo ofrece y recomienda que se perpetúe en su memoria. (4) Jesús en esta ocasión aparece más sublime que cuando se encarnó y murió, pues dándose El por comida se encarna de nuevo y cuando el sacerdote comulga se repite una vez más el sacrificio del calvario; El mismo invita, no al banquete descrito por la Sabiduría, venite ad me et comedite panem meum et bibite binum, (6) ni al banquete en el que se brinda con pan de ángeles y de vida, (7) ni aquel que es delicia de reyes; (8) sino al banquete divino, ideado e instituído por la Sabiduría omnipotente de un Dios que celebró su primer sacrificio sobre la mesa de madera, que había servido para la cena común, aplicándole en beneficio de toda la humanidad. Este ha sido el banquete, anunciado muchos siglos antes, en el que Jesús por la virtud omnipotente de sus palabras, lo que antes era pan lo convirtió en su cuerpo, y lo que era vino en su sangre, como nos lo dice la fé. Bien se puede concluir que el primer sacrificio o la primera misa fué hecha por Jesucristo y que su primera aplicación la consagró El mismo a nosotros, cuando interpuesto entre el cielo y la tierra, se declaró víctima expiatoria de todos los pecados de la humanidad, firmando el pacto de alianza con su misma sangre. En esta base firmé e inconmovible más que una roca, descansa la práctica veinte veces secular de la celebración y aplicación de la misa, viniendo a ser en el transcurso de la historia el hecho más sorprendente, que conserva el carácter de lo que es antiguo y venerable. (9) No cabe lugar a duda que las diversas manifestaciones que hay entre los miembros de la Iglesia católica, que constituyen el cuerpo místico cuya cabeza es Jesucristo, se originan de la mútua ayuda que se prestan ellos entre sí, siendo la principal el ofrecimiento y aplicación que hacen desde hace ya muchos siglos diariamente del sacrificio de la misa, sin que multipliquen los cristos como enseñaron los enemigos de este sacrificio; (10) aplicación que ofrecen o bien por los vivos o bien por aquellos que ya no existen; orat pia mater Ecclesia, non solum pro vivis sed etiam pro defunctis et eos sacrae oblationis intercessione commendat, certissime credens, quod

(3) Mat., XXVI, 26-28.
(4) Si quis dixerit, illis verbis, hoc facite in meam commemorationem, Christus non institutuisse apostolos sacerdotes, aut non ordinasse ut ipsi aliique sacerdotes offerrent Corpus et sanguinem suum, anathema sit.
Conc. Trid., Sess. XXII, De Sacrif. Missae, c. 2.
(6) Proverb., IX, 5.
(7) Sabidur., XVI, 20; Eclesiast., XV, 3.
(8) Gen., XLIX, 20.
(9) Clarke, Handbook of the Divine Liturgy, p. 10.
(10) Bresciey, The Liturgy of the Mass, p. 363.

sanguis ille pretiosus qui pro multis effusus est in remissionem peccatorum, non solum ad salutem viventium, verum etiam ad absolutionem valeat defunctorum qui cum signo fideli praecedunt...., signum fidei pro charactere christianitatis accipitur quo fideles ab infidelibus discernuntur. (11) S. Pablo, saludando a los Colonenses, envíales la paz y gracia de parte de Dios y de Jesucristo, nuestro Redentor, orando siempre por los habitantes de Colosas, (12) y a los Filipenses les anuncia que ruega por todos ellos con gozo en todas sus oraciones, cada vez que se acuerda de los mismos. 13) En los antiguos misales se vé repetidamente la expresión de oblaciones y votos, significando los dones sacrificiales: voventur omnia que offeruntur Deo, maxime sancti altaris oblatio, quo sacramento praedicatur nostrum alium votum maximum, quo nos novimus in Christo esse mansuros, utique in compage corporis Christi. (14)

El Concilio Cartaginense III, celebrado en Africa, el Cartaginense IV, el Bracarense en España, el Vormatiense en la Galia, el concilio VI sub Símaco, celebrado en Italia y otros muchos concilios de los primeros tiempos del período cristiano, reflejan la común práctica de la Iglesia que ha mirado este sacrificio, como el don más favorito para socorrer a los seres que, creados a semejanza de Dios, van en busca del fin que se les asignó, y para las almas benditas que expían sus pecados en el Purgatorio, lugar de esperanza.

La religión fué creada para bien de toda la humanidad, es obra del mismo Dios, no es invención fantástica de la imaginación del hombre; (15) mira y atiende a todos, porque por todos se ofreció Cristo en la Cruz, orate pro invicem ut salvemini; obsecro primum fieri obsecrationes, postulationes, gratiarum actiones pro omnibus vobis. (16) Es práctica constante de la Iglesia el recomendar la oración; en la oración dominical no se dice en singular, da mihi o libera me, sino que se usa el término plural, da nobis o libera nos, palabras que a nadie excluyen ni a fieles, ni a infieles, ni a herejes, ni a excomulgados. Rogad por los enemigos es expreso mandato de la Escritura; amad a vuestros enemigos, orad por los que os persiguen y calumnian, no obstante lo que se lee en el apóstol: "en nombre de Jesucristo uniéndose con vosotros nuestro espíritu, con el poder que he recibido de nuestro Salvador sea el que tal hizo, entregado a Satanás o excomulgado, para castigo de su cuerpo, a trueque de que su alma sea salva en el día de nuestro Señor; a los de afuera Dios los juzgará, voso-

(11) Inoncent. III, De Sacr. Altaris Myster., lib. IV., MPL., CXLVII, 11 y ss.
(12) Colos., I, 1-3.
(13) Filip., I, 3-4.
(14) S. Agust. Epist., 149, n. 16 ad Paulinum.
(15) Fleury, The Historical account of the manner of the Christians, p. 2.
(16) Epist. Santiago, V, 16; S. Pab. a Timot., II, 1.

tros, empero, apartad a ese maldito, a ese mal hombre de vuestra compañía." (17)

No se manda odiar, nada más contrario a la voluntad para que más adelante con el fruto de las buenas obras, con la constante penitencia y oración, se vuelva al camino de la verdad; es el mismo apóstol el que exhorta de nuevo, para que aquel que había sido arrojado de la Iglesia se le reciba si su conducta lo merece, rectificad y comunicad de nuevo con él. (18) Este aviso atañe de un modo especial a los sacerdotes y pastores; ellos en nombre de Cristo y de su Iglesia ruegan por todos los viadores, y su ministerio les exige que se sacrifiquen por sus ovejas, no olvidando que la obligación primordial, como jefes del pueblo cristiano, es ir a la vanguardia del mismo, socorriendo a su grey con el ofrecimiento y aplicación del sacrificio eucarístico. (19) Así lo creyó y sintió Pío IX, ya que tan admirablemente lo ha dejado gravado y consignado de un modo claro y definido, para recuerdo de todos en su Encíclica "*Omantissimi Redemptoris*", (20) basándose en el texto de S. Pablo, omnis Potifex etc...; a los sacerdotes que se hallan bajo la obediencia de sus prelados se les ha asignado y entregado cierta porción de la diócesis, en donde han de cumplir y ejecutar con el oficio de pastores de almas, cumpliendo a la vez con el deber de sacerdote y de párroco. Este era el carácter que envolvía su nombramiento, aunque no se gozara de las características propias de que gozó el párroco más tarde y de las que goza hoy en nuestros días; (21) sin embargo, se ha de suponer que sabían cumplir con los deberes y satisfacer con los deseos del pueblo a ellos encomendado, y que como sacerdotes que eran, consrvarían gravadas en su memoria las palabras que se dirige a todo sacerdote al ser ordenado: "recibid el poder de ofrecer el sacrificio del Señor y celebrad la misa tanto por los vivos como por los difuntos." Este sacrificio era el que se ofrecía por el pueblo cristiano que creía encontrar algún refrigerio, para aliviar a las almas que habían partido de este mundo, unidas a Dios po la fé y por la gracia. (22) Por las almas de los difuntos se hacía además del día de la muerte, según las Constituciones apostólicas en los días tercero, noveno y cuadragésimo, añadiendo el aniversario, costumbre aún hoy existente entre los orientales, celebrando el día tercero en memoria de la resurrección de Jesucristo después de tres días, el día séptimo en memoria de el llanto de los Israelitas, el día trigésimo o cuadragésimo en memoria de Moisés y Aaron a quienes lamentaban los Israelitas y finalmente el día del fin del año en el ani-

(17) S. Pab. I Cor., V, 4-13.
(18) II Cor., II, 8.
(19) Leo XIII, Litt. Apost. "In Suprema", Fontes, n. 585.
(20) Fontes, n. 524.
(21) Maroto, Institutiones, II, 101.
(22) Bingham, The Antiquities of the Christian Church, I, 273. 237.

versario. (23 Solamente se excluía aquellas infelices almas que muertas a la gracia habían dejado este mundo en tan lamentable estado, que habían perdido para siempre la esperanza; illorum autem animas qui in actuali mortali peccato vel solo originali decedunt, mox in infernum descendere, poenis tamen disparibus puniendas. (24) El pueblo cristiano jamás perdió el recuerdo de sus hermanos en la fé, ellos están comprendidos en la palabra *ipsis* del misal, como también en estas otras, *omnibus in Christo quiescentibus; siendo* el deseo y voluntad de la Iglesia que se vaya en ayuda de aquellos que por el lugar en que están la necesitan. El rogar por todos los que hallan en el Purgatorio es tan antiguo como la misma Iglesia y la costumbre de celebrar por los difuntos nació con la primitiva Iglesia; así como se vé ya observado en los funerales del emperador Teodosio. (25) Amalario Fortunato recuerda el tercero, séptimo y trigésimo día, en los cuales la iglesia romana hacía el sacrificio; S. Ambrosio nombra el cuadragésimo, como ya he dicho anteriormente: Ejus ergo Principis conclamamus obitum et nunc quadragessimum celebramus assistente sacris altaribus Honorio Príncipe; quia sicut sanctus Joseph patri suo Jacobo quadraginta diebus humationis officia detulit, ita et hic Theodosio, patri suo justa persolvit. (26) Con el aumento de cristianos se crearon más Iglesias y se nombraron para ellas presbíteros, (27) las necesidades de la vida se duplicaron y para satisfacción de las almas se aumentaron los sacrificios. (28) Era necesario por reclamarlo así las circunstancias de los tiempos, trazar la línea divisoria que distingue las obras de los étnicos del modo de obrar de los cristianos, pues, entre los infieles se rendía culto a los antepasados, ofrendándoles algún género de sacrificios (29) y para que no degeneraran los infieles en superstición, quedó la doctrina basada en los primeros pilares del cristianismo, los apóstoles, como se lee en S. Beda, en el lugar antes citado: "Sacrificium defunctorum fidelium requie offeri et credimus quod ab apostolis haec sancita fuerunt ut in tremendis mysteriis defunctorum agatur commemoratio. Esta tradición tiene su origen en la cuna del cristianismo, la cual continuará mientras exista en la tierra quien dé culto latréutico al verdadero Dios. Este fué el común sentir de los Padres, cuando hablaron del sacrificio, entendiendo por tal el propiamente dicho de la misa, distinguiéndole de las otras obras, buenas también por su naturaleza como oraciones, ayunos, limosnas, obras todas dignas de alabanza, pero que ninguna de ellas encierra la grandeza que tiene el sacrificio de la Misa. Sin temor a equivocarse se puede afirmar que durante los doce primeros siglos de la Iglesia, la voz común del pueblo cristiano ha sido encomendar sus

(23) Gavantus, Thesaurus Sacr. Rit., p. 62.
(24) Eugenius IV, in Conc. Florent. Constitut. Laetentur coeli, 6, Jul., 1439, Fontes, n. 51. 7.
(25) Alzog, Universal Church History, I, 720.
(26) M. P. L., XVI, 1386.
(27) Hechos de los Apóstoles, XV, 22.
(28) S. Tom. in q. 4, dist. 45, q. 2.
(29) Beda, op. cit., p. 235.

almas a Dios por el acto más augusto de nuestra religión; no dice otra cosa la frase ordinaria de entonces, *pro remedio animae meae.* (30) Primitus fideles sua munera offerentes non petebant missam specialiter pro se celebrari, sed sufficere credebant, si missae sacrificium, devote congerentur atque una cum sacerdote ipsum sacrificium offerrent, divinae misericordiae confidentes sibi applicandum pro ratione sacrificii et dispositionis. (31) Por lo que se acaba de decir se vé claramente que los fieles no apetecían la aplicación especial de la misa, como se acostumbra a hacer ahora y se viene haciendo desde hace ya muchos siglos. En los primeros siglos de la naciente Iglesia se imploraba la ayuda divina para socorrer todas las necesidades y por este fin los cristianos, que vivían en diversos lugares, separados unos de otros en diferentes pagos y villas, para orar en común y celebrar los oficios, se dirigían a las grandes ciudades en donde tenían sus reuniones; por lo común el lugar de reunión era la Iglesia catedral. (32) Estas reuniones tenían lugar los Domingos, que más tarde también se celebraron en los Miércoles, Viernes y Sábados, junto con el día del aniversario del mártir o mártires, teniendo en este último caso lugar la reunión los cristianos en la misma sepultura en donde se encontraba el cadáver del mártir a quien conmemoraban. (33) La creencia común de entonces era que el sacerdote no excluía del sacrificio ni a él, ni a los suyos.

En la Liturgia de S. Juan Crisóstomo se dirige el sacerdote a Dios para que ayudado con su gracia pueda ofrecerle las oblaciones de los fieles por él y por los suyos. Fac nos esse dignos, qui offeramus tibi preces, supplicationes et incruenta sacrificia pro populo tuo: fac nos idoneos ad offerendum tibi dona et sacrificia spiritualia pro peccatis nostris et populi ignorantiis, et praesta ut inveniamus gratiam coran te; et Spiritus gratiae tuae bonus habitet in nobis et in propositis his donis et pro adstantibus misericordiam, vitam sine peccato, remissionem peccatorum et delictorum, residuum vitae tempus in poenitentia et pace transire. (34)

En la Liturgia Cóptica se hallan clamores idénticos: "acuérdate de nuestras reuniones y bendícelas, Señor; absuelve y perdona a tu pueblo; ten misericordia de nosotros y borra nuestros pecados; multiplica a los tuyos seleccionados por tu misma diestra. (35) En la Liturgia de los Jacobitas Sirios: "oye, Señor las súplicas de los tuyos; te ofrecemos este tremendo e incruento sacrificio por los pecados de todos tus siervos; ten misericordia de nosotros; recuerda a todos los que ofrecen oblaciones y por quienes se ofrecen y recuerda del mismo modo a aquellos que desean ofrecer y no tienen,

---

(30) Berlendi, Delle Obblazioni all'Altare, p. II, 1-3.
(31) Van Espen, I, part. 2, tit. 5, De Celebratione Missae, c. 5, 11.
(32) Bouix, Tractatus de Parocho, p. 17, ss.
(33) Cfr. Bona, Rerum Liturg., lib. I, cap. 18, pgs. 242-243.
(34) MPL., LXIII, 911, 914.
(35) Brightman, Eastern and Western Liturgies, 161.

y no te olvides de todos los que son mencionados por su nombre"; piden así mismo reine entre ellos todo género de prosperidad y paz y que jamás las querellas de unos y de otros se apoderen de sus corazones. (36) En la Liturgia de los Jacobitas Coptos: "Recuerda, Señor, nuestras reuniones, bendícelas. Estas frases son idénticas a las anteriores y con ellas se dirigen a Dios, para obtener de El las gracias necesarias para los que se hallan enfermos, para los posesos, para los cautivos, para los afligidos, para los que se hallan dominados por alguna pena; para los de la misma nación, que se hallan fuera de la misma y ruegan también para que su vuelta sea en paz y seguridad. (37) En la Liturgia de los Abisinios: "Sé propicio, Señor, para con todos aquellos que reunidos en este lugar, invocan la misericordia divina". (38) En la Liturgia de los Nestorianos: "ten misericordia y compasión de las ofensas de los tuyos y perdona los pecados de los que son tu grey". (39) En la Liturgia de los Armenios: "te rogamos, Señor, por todos los aquí reunidos, por toda aglomeración de fieles aquí presentes." (40) En la Liturgia de S. Basilio: "vuelve a los errantes, reune a los dispersos; hacednos puros y rectos de corazón a todos los que estamos en tu presencia. Te ofrecemos y administramos este tremendo y saludable sacrificio, para lavarnos de nuestros pecados." Estos sentimientos son semejantes a los de los Jacobitas Coptos y todos ellos expresan lo mismos deseos y aspiraciones; y en todos ellos se procura ofrecer aquel tremendo y saludable sacrificio, razonable e incruento, el cual todas las naciones ofrecen a Dios desde la salida hasta la puesta del sol, de norte a sur, puesto que el nombre de Dios es grande entre los gentiles y en todo lugar se le ofrece incienso a su santo nombre y un puro sacrificio. (41) En la Liturgia de los Armenios ya citada se lee también: "rogamos por las almas que están descansando, por el descanso de aquellos que han muerto en unión con Cristo por la fé y la santidad: recuerda y compadécete de las almas de los que han partido, dadles descanso y luz, llevadlos entre los santos al reino de los cielos: acuérdate de tu siervo (N), si vive, sálvale de los peligros: recuerda también a todos aquellos que se han encomendado a nosotros ora se hallen en este mundo, ora hayan ya perecido: permitid que se les recuerde en este sacrificio, y permitid que recordemos también a todos los fieles en general, hombres, mujeres, viejos, y jóvenes de todas las edades que han muerto en Cristo". (42) Aunque se aplicaba el sacrificio por los que hacían oblaciones, sin embargo no se excluía al resto de los demás, y aunque S. Cirilo enseña que se rogaba por aquellos que ofrecieran lo

(36) Brightman, op. cit., pgs. 87-88-91.
(37) Brightman, op. cit., pgs. 157, 161, 166.
(38) Brightman, op. cit., pgs. 229-30.
(39) Brightman, op. cit., p. 266.
(40) Brightman, op. cit., p. 443.
(41) Brightman, op. cit., pgs. 401, 157, 165.
(42) Brightman, op. cit., 442, 443.

suyo, por aquellos que hacían sacrificios y oblaciones, no obstante era práctica común el pedir y rogar por todos: quote vota servorum accepta habe, sive multum, sive parum sit, secreto aut manifeste, et eorum qui voluerunt offerre, nec unde facerent habuerunt. (43) En aquellos tiempos se puede decir que la oblación del sacrificio era común y que las oraciones con las cuales se daba gracias a Dios por los beneficios recibidos salían a la vez de los labios del sacerdote y del pueblo cristiano, ya que sus corazones se movían al impulso de la misma fe, y como significa el Papa León, reunidos los fieles con sus pastores se rogaba en común y por todos. (44) Según lo indica el vocablo *común.* Con razón se puede creer que la brasa del Señor había tocado los labios de todos, (46) ya que creían que su iniquidad sería borrada y expiado su pecado. La Iglesia recuerda en todas sus oraciones a los fieles, sin olvidar a los que se hallan en la miseria y se ven privados hasta de lo más necesario. Esto parece indicar lo contenido en el canon del misal, *pacificare et coadunare digneris;* cómo y en qué medida, sean aplicados los frutos y méritos infinitos de este sacrificio, ningún humano puede comprenderlo, por ser la inteligencia humana muy limitada; pero se conoce el carácter propiciatorio del mismo por el testimonio de la Iglesia. (47). S. Basilio (48), S. Cirilo, (49), S. Sofronio, (50) Origines, (51), S. Gregorio Magno, (52), S. Jerónimo, (53), S. Ambrosio, (54) con otros muchos que pudiera citar, constituyen la base más firme y argumento cierto para creer que el sacrificio de la misa ha sido desde el principio el acto más sagrado en el que los cristianos pusieron toda su confianza para implorar del divino Redentor su misericordia, para satisfacer los anhelos infinitos del corazón humano. No sólo se ve ésto en los primeros cinco siglos de la Iglesia, sino que también hasta el décimo lo atestigua la Liturgia Mozárabe en España; y más tarde se confirma una vez más en el Conc. Trid. y no es afirmación vana el decir que no ha habido un día en todo el período de la Iglesia en el cual el corazón católico se haya movido por creencias contrarias. Por las leyes apostólicas, dice S. Juan Crisóstomo, se ordena y se dispone lo que se ha de hacer con el sacrificio de la misa; no importa que nada sepamos del estado en que viven las almas, que nos dejaron aquí en la tierra; la fé que anima a todos los católicos enseña que son muchos los altares de donde brotan los rayos de luz que se dirigen al trono del Eterno y de donde tornan para iluminar el tenebroso lugar que sirve de purgación; de acuerdo con ésto siente S. Agustín: non sunt praetermittendae supplicationes pro spiri-

(43) Berlendi, op. cit., p. 170.
(44) Fontes, n. 585.
(46) Isaias, VI, 7.
(47) Conc. Trid. Sess. XXII, De Sacrif. Missae, c. 3.
(48) M. P. G., XXXI, 1631; (49) M. P. G., XII, 415; (50) M. P. G., LXXXVII, Ter, 3988-89. (51) M. P. G., XXXI, 1631.
(52) M. P. L., LXXVII, 468; (53) M. P. L., XXII, 611; (54) M. P. L., XIV, 1052.

tibus mortuorum quas faciendas pro omnibus in christiana et cathólica societate defunctis sub generali commemoratione suscepit Ecclesia, ut quibus ad ista desunt parentes aut filli aut quicumque cognati vel amici, ab una eis exhibeatur matre communi. (55) Las almas así socorridas podrán poseer más pronto la unión íntima con su Dios y aunque sean ya felices, porque la sentencia que recayó sobre ellas les reserva un lugar en la gloria, no obstante en el tiempo de expiación reclaman el auxilio que generosos los católicos les prestan, para aminorar el tiempo de sus pesares. (56)

La muerte no es considerada por el católico, como el golpe fatal que aniquila nuestro ser; hay algo más allá del sepulcro y eso es lo que hace tener la fé puesta en Dios. La Sagrada Escritura, los santos Padres y la misma Liturgia apellidan a los que murieron en gracia, dormientes, y a su muerte, dormitio o somnus; lo mismo da a entender el vocablo coemeterium, que equivale a dormitorium, semejante a campo santo, término usado en nuestros días por la Iglesia; cymetorium, recubitorium vel dormitorium est mortuorum qui et ideo ab ecclesia dormientes dicuntur, qui resurrecturi non dubitantur (57). Las mismas palabras que usa la Iglesia al bendecir dichos lugares encierran el mismo sentido y los llaman pausatio mortuorum, para usar sus mismos términos, significando por estas voces la liturgia mozárabe la tranquilidad perpetua de aquellos que ya consumieron sus días; así se lee en la fiesta de Sta. Eulalia de Emérita.

Fué tal la influencia y el poder moral de la Iglesia que desde los primeros tiempos hizo frente a la impiedad de los pueblos y al indiferentismo craso, que pretendía apagar los movimientos puros y sanos de los cristianos. Debido a ella, el emperador Constantino le abre las puertas del imperio, prohibe los inhumanos combates de los gladiadores, los sacrificios privados e inmoralidades comunes al culto pagano; ordena que se destruyan los templos, en donde el culto pagado era la lujuria, corrupción e impostura, confisca los templos paganos, distribuye parte de los bienes de los mismos a las iglesias cristianas, exige de los oficiales paganos que no participen en los sacrificios de los suyos y da una ley por la cual prohibe con todo rigor de los mismos sacrificios paganos. (58)

Volviendo a los primeros siglos, se encuentran las frases comunmente usadas entonces, por las cuales se recuerda la memoria de aquellos seres queridos que habían dejado el mundo para para siempre: "recuerdos a todos los que han caído para dormir; por el descanso eterno de este tu siervo; dale descanso para que pueda ver la luz de tu aspecto." (59) Este modo de obrar les mantenía más unidos a unos y otros, a los vivientes y a los difuntos, había así una unión que reportaba grandes bene-

(55) S. Augst. De Cura gerendi pro mortuis, c. 4.
(56) Tournely, De Eucharist., p. 2, c. 10, art. 3.
(57) Walofrid. Strabo, De Rebus Ecclesiasticis, c. 6.
(58) Alzog, op. cit., I, 471.
(59) Conley, op. cit., p. 125.

ficios a los que habitaban en el Purgatorio, seguros éstos de salir algún día del lugar de tormentos por la misericordia divina y por la ayuda continua que por modo de sufragio recibían de sus hermanos vivientes por las limosnas, ayunos y sobre todo por el sacrificio de la misa, con el cual principalmente eran socorridos los muertos.(60) Ya he mencionado que era costumbre de los primeros cristianos el no pedir la intención especial de la misa, pues, la fé que les animaba, les hacía considerar todas las cosas como comunes, especialmente tratando de este sacrificio, y juzgaban ser suficiente, para participar de los frutos del mismo, unirse al sacerdote y ofrecerle juntamente con él, confiando en que el mismo Dios haría la aplicación, atendiendo al sacrificio y a la disposición de cada uno de los fieles. (61) Los ofrecimientos hechos para los sacrificios, procedían de aquellos que obedientes a las leyes de la Iglesia, gozaban de la unión con la misma, no admitiendo los de aquellos otros, que rebeldes, merecieron la expulsión y no eran dignos de participar de los beneficios de la misma. El fruto de vida tan unida les despojó de los prejuicios que tal vez hubieran arraigado al principio contra la doctrina divina y los fué revistiendo de las virtudes cristianas con las que se hicieron fuertes contra todo lo que se opusiera al santo fin que buscaban. Por todo lo dicho se desprende, cuál ha sido el comienzo y desarrollo general de la Iglesia, que apenas nacida en actividad continua se afanó por ensanchar su campo y dar cabida en su seno a las diferentes razas y pueblos que habitaban el orbe; desarrollo que se agrandó con el tiempo y obra que ha pasado en lo esencial intacta hasta nosotros, porque lleva el sello divino y seguirá su curso infaliblemente sin que ceda al tiempo, ni a los vaivenes de las circunstancias, como sucede con las obras de los mortales.

Al exponer de un modo general en este capítulo la historia de la Iglesia, o el sentir de los fieles sobre el sacrificio eucarístico y la manera de obrar de los mismos, fué para dejar una base y ver que al recorrer de los siglos se ha practicado y seguido el camino trazado por Jesucristo, seguido por los apóstoles e imitado por todo el pueblo cristiano; y con lo poco que se recibió al principio de las Liturgias de los primeros siglos, con lo que se ve en el Nuevo Testamento y con lo que sucede en los siglos posteriores se dejan marcadas las huellas por las que caminan todos los hijos de la Iglesia.

En los siguientes artículos, que tratan también de la historia del asunto en cuestión, se citarán referencias correspondientes a los diversos tiempos recorridos con las que se corrobore más la doctrina expuesta; viendo cómo el pueblo cristiano ha implorado siempre el auxilio divino con la obra más grande que vieron producir los siglos, con el sacrificio de la misa, instituído y creado por el omnipotente poder de un Dios hecho Hombre.

(60) Inocent. III, "Ejus Exemplo" Fontes, n. 30.
(61) Alzog, op. cit., I, 715-16.

ARTICULO I

DESDE EL SIGLO I HASTA EL SIGLO VI

Vista de un modo general la práctica primitiva de la Iglesia, no se podrá dudar que la primera oblación de la nueva ley en el sentido estricto de la palabra, y que la primera oblación de la misma, la hizo el Redentor del linaje humano, imitándole más tarde S. Pedro, príncipe de los apóstoles y Vicario de Cristo en la tierra. Como fué mandato divino impuesto a todos los apóstoles y sus sucesores, convendrá seguir el hilo, trama preciocísima, que tiene su origen en el Salvador de los hombres.

Después de la ascensión del Señor los discípulos de Jesús que eran más de quinientos (1) seguían fielmente la doctrina que habían aprendido del Salvador y sus pastores que eran los mismos apóstoles, convertidos en tales de pobres pescadores, les proporcionaban el alimento saludable del banquete eucarístico, que no era otro que la misa, aún cuando no se conociera con este nombre hasta años más tarde, como se probará más adelante en el capítulo dedicado expresamente a averiguar el origen del vocablo *Misa.* Era costumbre de la sociedad cristiana que en un principio tuvo por modelo a la sinagoga, (2) reunirse para la adoración pública en los días ya anteriormente citados, escogiendo para ellos los sepulcros de los mártires, cenáculos u otros lugares de casas particulares que paulatinamente quedaron como consagrados en oratorios o iglesias. Por causa de las circunstancias se llegó a celebrar en las manos de los diáconos, como hizo S. Teodoro, obispo de Ciro que celebró el sacrificio en manos de sus diáconos; (3) o sobre el pecho humano, como sucedió a S. Luciano, mártir, presbítero de Antioquía, que próximo a morir, consagró sobre su propio pecho, porque tendido, lleno de heridas y atado, no podía levantarse. (4) Posteriormente se reunieron en Roma en las catacumbas, lugares consagrados por la tradición, para cumplir con los deberes religiosos. (5) Esto último queda probado por el edicto del emperador Valeriano: ne christiani ulla conciliabula faciant, neque coemeteria ingrediantur. (6) Las iras de los tiranos no amedrentaron a los cristianos, ni la persecución sangrienta logró exterminarlos; la sangre de los correligionarios, como dijo Tertuliano les dió fuerza, para proseguir y continuar sus reuniones en donde podían según atestigua S. Dionisio Alejandrino: qui-

(1) S. Pab. I Cor., XV, 6.
(2) Martin, Remarks on Ecclesiastical History, I, 47.
(3) Mabillon, Praefat, I in soec. III, p. 134, n. 78.
(4) Martene, De Antiquis Ecclesiae Rit., VI, 109.
(5) Cfr. Many, De locis Sacris, n. 1, ss; Lecrecque, Dict. d'Archeologie, 3164 y sig.; Maruchi, Catacombe Romane, p. 7. ss.
(6) M. P. L., XX, 661; 837.

vis locus, ager, solitudo, navis, stabulum, carcer instar templi ad sacros conventus peragendus fuit. (7)

Sociedad animada del celo divino y así constituída estaba llamada a sorprender al mundo y abrirse campo por doquier; la vida misma que llevaba atraía a sus miembros, los llamaba a sus deberes, los mantenía en la fe; es que los primeros cristianos no podían vivir sin Dios, razón por la cual frecuentaban sus reuniones particulares en las diversas partes en donde tuvieron lugar, principalmente en las tumbas de los mártires en donde levantaron pronto sus templos, para celebrar sobre ellas el banquete eucarístico, nombre conservado hasta el siglo IV. (8) En estas reuniones el acto más principal y sagrado era la fracción del pan, como parte la más importante de todo el oficio; nada se hacía en aquellas juntas con más devoción; se llamaba a dicho acto ofrecimiento del pan, oblación, sinaxis, acción de gracias, liturgia, servicio público, eucaristía. Al rezo de las oraciones seguía la lectura del Antiguo Testamento, terminaba con el Evangelio, explicado por el obispo, añadiendo alguna exhortación y volviendo sus caras al oriente, con las manos levantadas al cielo, rogaban por todos los hombres, por los cristianos e infieles y particularmente por los que estaban afligidos o padecían enfermedades tanto del alma como del cuerpo. Prosiguiendo el sacerdote, los, dones eran ofrecidos, pan y vino mezclados con agua, que era la materia del sacrificio. El pueblo se daba el beso de paz, hombre a hombre, mujer a mujer, señal de perfecta unidad. Hecho ésto, el sacerdote, tomando los dones ofrecidos, los ofrecía a Dios y empezaba el sacrificio y repetía las palabras solemnes de la consagración, convirtiendo el pan y el vino en el Cuerpo y Sangre de Cristo, encargándose el diácono de distribuirlo a los fieles. (9) La fiesta eucarística terminaba con el ágape, que hasta el siglo II estuvo unido a la comunión; en él se repartía el alimento ordinario que tomaban en el lugar del mismo, donde habían comulgado. Al principio se distribuía entre todos, posteriormente entre los pobres y viudas, y por fin, quedó abolido en la cuarta centuria. (10) Por temor a los enemigos de la Iglesia, la terminología que usaban los cristianos en los primeros tiempos no fué tan clara como en los siglos posteriores, para evitar de este modo en lo posible el escarnio que el pueblo, hacía de las cosas sagradas; así obraron hasta que dejó de existir la persecución sistemática que se hizo contra la Iglesia por los Emperadores.

Es bastante acertado el pensar que con mucha posibilidad, la segunda celebración de tan augusto sacrificio la hizo S. Pedro, como la segunda aplicación del sacrificio de la misa; ésta es la opinión más

(7) M. P. L., XX, 688.
(8) Feury, op. cit., p. 32; 232; Duchesne, Origines du culte chretien, c. 12, S 1, p. 339.
(9) Fleury, op. cit., p. 154.
(10) Keller, Mass Stipends, p. 13.

común. Este modo de pensar es sostenido por los más hábiles liturgistas, creyendo que la segunda misa aquí en la tierra la hizo y le cupo el honor de decirla al príncipe de los apóstoles, después de la venida del Espíritu Santo, y que tuvo lugar en el Cenáculo en Jerusalén, en donde se instituyó este augusto misterio. He dicho con mucha probabilidad; pues, parece ser así, a juzgar por las más recomendadas autoridades que afirman que los apóstoles no celebraron ninguna misa antes de la venida del Espíritu Santo, ya porque se creían incapaces de celebrar tal misterio, antes de ser fortalecidos con la virtud de lo alto, ya también porque aún la antigua ley no estaba abrogada por completo; opinión corroborada por lo que se lee en los Actos de los apóstoles, "todos se encontraban animados del mismo espíritu, perseverando juntos en oración con las piadosas y devotas mujeres, con María, madre de Jesús y con los hermanos y parientes del Señor." (12) Después de confirmados en la fé se menciona por primera vez la fracción del pan, y "perseveraban todos, oyendo las instrucciones de los apóstoles y en la fracción del pan o eucaristía." (13) Todo ésto desde luego no pasa de conjetura, deducida racionalmente de la misma Escritura. Dejando a un lado las opiniones, se puede con fundamento creer que desde el Redentor del mundo hasta nuestros días, siguiendo de generación en generación se ha socorrido a los miembros de la Iglesia con obras de misericordia, con la piedad mutua y sobre todo se ha ido siempre en alivio del apenado y en socorro de las almas del Purgatorio con el sacrificio de la misa.

No pasó mucho tiempo sin edificar los templos fuera de las catacumbas, a campo abierto, poniendo el altar sobre los sepulcros de los mártires, (14) ya bien edificándolos de nueva planta o comprando los edificios públicos para dedicarlos al servicio de Dios o cambiando en Iglesias las mismas casas particulares, sucediendo ésto bastante tiempo antes de que les llegara a los cristianos la tan deseada paz de que gozaron en tiempo del emperador Constantino. (15) La voz más usual con la que se significaba el lugar de oración, era el de oratorio, nombre tomado del mismo evangelio, domus mea, domus orationis; por oratorio se ha entendido un lugar privado destinado al culto divino, tenido en las casas de los cristianos, en el cual no se podía celebrar según dice Graciano, "unicuique fidelium, licet in domo sua oratorium habere; et ibi orare; misas autem ibe celebrare non licet"; (16) o un lugar escogido sólo para la oración como escribe S. Isidoro, oratorium orationi tantum est consecratum, (7) o también un lugar en el cual se permitía celebrar la santa misa; por su

(12) Hechos de los Apost., I, 14
(13) Hechos de los Apost., II, 42
(14) Marucchi, op. cit., p. 36
(15) M P L XX,673;740;804
(16) C. 33, D. I, de cons.; Mostazo, De Causis piis lib. 5, c. 10, n. 1 27; Fagnano, De Religiosis Domibus, n, 52
(17) M P L., LXXXII, 544.

fin se distinguía de las Iglesias o templos públicos o semipúblicos. Los lugares en donde se celebraba el culto divino se conocieron con diversos nombres; se les dió el nombre de *Capilla,* originado de capella o cappa, que según la tradición cuenta, viene de la capa de S. Martín, conservada en un santuario de las Galias, llamado Capilla, y del cual era tomada, para llevarla como insignia a las batallas por los reyes de Francia. (18) Se les dió también el nombre de *Dominicum,* casa del Señor; Basílicas reales. (19) Ideo divina templa basilicae nominantur, quia ibi regi omnium Deo cultus et sacrificia offeruntur.

El nombre de *Basílica* fué conservado entre los cristianos y aunque los paganos denominaban con tal nombre a los edificios públicos en donde se administraba justicia, al pasar estos edificios a poder de los cristianos por compra de los mismos, no cambiaron el nombre, ya que siempre era grande en número la multitud que en ellos se congregaba, (20) nombre que se dió también a las capillas o templos levantados de nueva planta. Así se ve al principio del siglo IV en que por mandato del Emperador Constantino se edificó una basílica: ibidem in monticulo Golgota, modo jussu Constantini imperatoris basilica facta est, id est Dominicum mirae pulchritudinis. (21)

Como la palabra templo era usada entre los paganos, para evitar equivocaciones y sobre todo para que hubiera una distinción marcada entre los templos cristianos y paganos, aquellos denominaron los centros de sus reuniones con otros vocablos, durando ésto por lo menos los tres primeros siglos. (22) No les era desconocida la voz templo, pues, la hallamos en el nuevo testamento, para nombrar el templo de Jerusalén; en S. Mateo para la reprensión de Jesús a los escribas y fariseos, ¡ay de vosotros, guías o conductores ciegos! que decís: el jurar uno por el templo no es nada, mas quien jura por el oro del templo está obligado!; ¿qué vale más, el oro o el templo que santifica al oro? (23) Tampoco era desconocido el nombre de Iglesia, usado por S. Pablo, cuando reprende los desórdenes que se cometían al tiempo de la sagrada Comunión. (24) Visto ya en donde se practicaban los divinos oficios y qué hacían los cristianos en dichas reuniones, podría afirmarse sin dificultad que es lo mismo que se ha venido practicando y se practica hoy día con más o menos variaciones en lo accidental, conservando intacto lo que la Iglesia recibió directamente de manos del mismo Dios, hecho Hombre.

En el siglo II eran muy comunes las misas privadas, (25) como

(18) Bernard, Cours. de Liturg. La Messe, I, 117.
(19) M P L., IV, 613; XXI, 470; XXVII, 677; M P G., XX, 833. S. Isidoro, Etymolog., lib 15, c. 4. M P L., LXXXII, 545.
(20) M P L., XVI, 995; 1107.
(21) Geyer, Itinera Hierosolimitana, 23; 335; Marucchi, Basilique et Eglises de Rome, p. 14 y ss.
(22) MPL., VI, 563; XVI, 994; MPG., XX, 845-848.
(23) Mat., XXIII, 16-17-35; XXVII, 40;
(24) I Cor., XI, 22
(25) Bona, op. Cit., p 231.

prueba el cardenal Bona, mencionando a Tertuliano; solamente siglos más tarde se le ocurrió a Lutero, tristemente célebre, hereje de gran trascendencia, que arrastró en pos de sí a muchísimas almas por el camino del error, afirmar que en una conversación que había sostenido con el diablo, le había sido revelado que las misas privadas eran idolátricas, que la misa privada en la cual comulgaba solamente el sacerdote, debiera ser abrogada. (26) La Escritura, sin embargo, la tradición, el testimonio de los Padres y Doctores de la Iglesia enseñan lo contrario, quedando entre nosotros, como roca firme, invariable ante los tiempos, conmemorando en todos los siglos e históricamente conservado y repetido el Jueves Santo de cada año, por conmemorarse en dicho día la institución de la Eucaristía. (27)

La misa pública, ya fuese una, ya duplicada la ofrecía el sacerdote por todos los que habían hecho alguna oblación, pero no se excluían las demás necesidades de la Iglesia, ya que como he dicho anteriormente se rogaba por todos a la vez y aún no existía la costumbre de aplicar la misa, como se hace hoy, y no se conoció hasta más tarde el nombre de estipendio, de modo que la oblación ofrecida era de carácter distinto, de la oblación o limosna que se da hoy para exigir el fruto especial del sacrificio.

S. Irineo, celador fidelísimo del testamento de Cristo, (28) que vivió cincuenta años después del apóstol S. Juan y que era muy adicto a la tradición, declara que la costumbre de ofrecer y aplicar el sacrificio viene de los mismos apóstoles. Tertuliano que es también de los primeros tiempos del cristianismo (160) aconseja a los creyentes reciban el sacramento de la eucaristía de manos del presidente que era el obispo o en su ausencia el presbítero: "nosotros, sigue diciendo, hacemos ofrecimientos en nombre de los que ya han partido o muerto en los aniversarios de los mismos." (29) Al hablar de este modo Tertuliano, es, porque antiguamente, el único que decía la misa era el obispo u otro sacerdote que tomaba su lugar en su ausencia; los otros sacerdotes si se hallaban presentes al sacrificio, eran cosacrificantes. (30) Lo mismo se hacía en las órdenes monacales, diciendo la misa uno de los monjes, celebrándola solamente los Domingos y días festivos, no en los días feriales; (31) pues la costumbre de celebrar con más frecuencia no se hizo común hasta el siglo trece; pero de aquí no se deduce, como pretenden algunos, que en tiempos apostólicos y en los siglos subsiguientes, no se celebraran misas privadas. De suponer es que los primeros cristianos dejaron una base bien fundada en lo que miraba al sacrificio, en el cual, siempre confiaron, y creyeron que era de suma eficacia.

---

(26) Benedict., XIV, De Sacrificio Missae, I, 433.
(27) Ecclesiastical Review, XXXVI, 442.
(28) MPL., XX, 440.
(29) Garret, The Mass of the Infant Church, p. 82.
(30) Atchley ,Ordo Romanus, p. 148.
(31) Bona,op. cit., n. 3, p. 255.

En la Liturgia de S. Marcos se muestra evidentemente que lo mismo los ricos poderosos, como los pobres indigentes, faltos de todo lo necesario, para ofrecer, participaban de los frutos de la misa: recibe oh Dios, lo de aquellos, que desean ofrecer y no tienen. (33)

S. Justino, a mediados del siglo II, representando la doctrina del cristianismo, enseñaba ser agradable a Dios los sacrificios que Jesucristo había dado a sus discípulos, para que imitándole,, se los ofrecieran con pan y vino. (34)

Las intenciones usadas en el siglo III, según Hipólito de Roma, se significaban con estos términos: "nosotros te ofrecemos, oh Dios, el temible e incruento sacrificio por los santos lugares, especialmente por Sión y por tu santa Iglesia, que se halla extendida sobre todo el mundo; se recuerda a los patriarcas, a los obispos, a los pobres, ect.... y en este mismo tiempo hubo la costumbre de leer los dípticos. Para tener una idea de lo que son los dípticos, diré qué eran y lo que contenían.

Los dípticos recibieron diferentes nombres, como tablillas sagradas,catálogos eclesiásticos, libri anniversariorum, Ecclesiae matricula, liber viventium, liber vitae, y eran tenidos como el memorial que se recitaba en las reuniones eucarísticas, al principio y en la celebración de la misa. Los primeros dípticos aparecieron en el siglo II; algunos de elllos remontan su fecha a los apóstoles, no faltando, quien llegando a la exageración, juzgara, que ya las tablas del Decálogo, aparecieron en forma de dípticos. Su uso llegó hasta el siglo XII, (35) y entre los griegos hasta el siglo XVI, aunque en estos últimos tiempos no tenía la verdadera y primitiva aplicación. Los antiguos contenían en una de sus hojas los nombres de los fieles fallecidos; en otra los de los fieles vivientes y a veces se inscribían nombres con alguna particularidad, añadiendo como suplemento una vitela o pergamino. Los dípticos, que contenían los nombres de los mártires, de los santos y de la Virgen, formábanlos diversos martirologios que el diácono leía en la misa, añadiendo, al terminar, la oración llamada post nomina. Entre los dípticos cristianos aparecen entre los de más renombre, el de Tréveris, el de Ratisbona, en cuyo interior estaba la imagen de Jesús y debajo la loba que amamantaba a Rómulo y Remo; también se veía la imagen de la Virgen con Jesús en su regazo. El de Fulda, que contenía los nombres de veinte y tres reyes, veinte obispos y ocho condes; el de Amiens con los nombres de muchos difuntos que murieron llenos de fe y esperanza en el Señor; otros tres que hoy día se conservan uno en el Escorial del siglo XIII, y los otros dos en el museo de Madrid de los siglos XIV y XV. La inscripción en ellos se consideraba como una especie de beatificación o canonización; la supresión de ellos era una

(33) Berlendi, op. cit., p. 160.
(34) MPL., VI, 745.
(35) Bene5dict., XIV, De Sacrificio Missae, I, 293

pena gravísima en la cual incurrían los herejes y excomulgados. El que había sido borrado de los dípticos, quedaba privado de todo sufragio. El concilio V ecuménico obró de este modo contra Teodoro de Mopsuesta. (36) El lugar señalado para leer los dípticos era el mismo en donde se hacía conmemoración por los vivos; para ello se usaron expresiones como éstas: pro quibus tibi offerimus, vel qui tibi offerunt, aplicandolas por quienes el sacerdote ofrecía el sacrificio. No se olvidaba a los fieles que habían sido separados de la Iglesia, aplicándoles y ofreciándoles el sacrificio pero después de haber hecho la debida penitencia (37) pues, en el mero hecho de ser viadores, no quedaban excluídos de la caridad de Cristo y de la Iglesia.

Por entonces los cristianos reunidos en las tumbas no eran terror para los emperadores de Roma, ni sus frecuentes reuniones ocasionaban disturbios que atentaran contra el Imperio; al contrario, en ellos se imploraba la ayuda divina para los que habitaban en la tierra y la misericordia para las almas del Purgatorio, conmemorando de un modo especial a aquellos que dieron su sangre por defender la fe de Cristo y por los que pasaron a mejor vida, dejando ejemplos de santidad. Ejemplo de esto último se vé en los discípulos de S. Policarpo: "nosotros, después de recoger sus huesos de más valor que las más ricas perlas, más estimables que el oro, los depositamos en lugar digno, donde reunidos, celebraremos con gozo y entusiasmo el día de sü nacimiento para el cielo." (38) Eran tales los sentmientos y veneración que se tenía por los muertos que el poeta Prudencio, refiriéndose a los cristianos que descansan en el sepulcro, exclamó: "el cuerpo del cristiano que descansa en el sepulcro, es res non mortua, sed data somno." Poco a poco se fué como formando una segunda naturaleza en el pueblo creyente respecto a la obligación que les imponía la fé de rogar ya por los consanguíneos y amigos, sino por todos los que formaban la grey del Señor, y según el consejo de la Escritura, también por todos los enemigos.

En documentos antiguos que tratan precisamente de las costumbres primitivas, se hallan diferentes modos de obrar, pero todos concuerdan en lo que mira al sacrificio de la misa. Tmosino, después de haber estudiado a fondo la cuestión infiere que el obispo celebraba una misa los Domingos para toda la ciudad o para toda la parroquia episcopal. (39) Entonces no había sacerdotes tenidos por párrocos o calificados como tales (40). Una vez que se asignó a los sacerdotes una Iglesia con el carácter que diríamos hoy día de parroquia, se señalaron días para decir la misa pública y solemne y en di-

(36) Benedicto XIV, loc. cit.; Espasa, Enciclopedia Universal, XVIII, part. I, pp. 1396-97.
(37) MPL., IV, 265-66-69
(38) MPG., XX, 36.
(39) Ciudad de Dios, LXXV, 224.
(40) Wernz-Vidal, De Personis, p. 765.

chos días debían acudir al templo para oir la santa misa. (41) S. Atanasio en su Apología al Emperador, para defenderse de la calumnia que le hacían sus enemigos, de no haber celebrado en la catedral, escribe: "celebré la misa en otro lugar por utilidad del pueblo." Tertuliano, hablando de la frecuencia conque los cristianos, rogaban por las necesidades de toda la Iglesia, cita como costumbre corriente la de celebrar con frecuencia. Orígenes en su escrito a los Hebreos les hace saber, cómo el obispo le presenta dones a Dios por los propios pecados y por los de todo el pueblo y por sus fieles." (42)

Otros muchos testimonios se podían citar de los tres primeros siglos, pero basta lo dicho para tener una idea general con la fe que tenían los primeros cristianos en el sacrificio de la misa.

Por las frases que emplea S. Hilario en el siglo IV, se ve que era su deseo el que se le recordara en el sacrificio de la misa: memento mei in orationibus sanctis a quo post expositionem hujus fidei, nescio an tam jucundum est ad vos in Domino Jesuchristo reverti quam securum est mori. (43) S. Basilio escribía al obispo de Samosata, suplicándole que lo mejor y más provechoso para él era, recordarle en las reuniones litúrgicas, (44) y ya sabemos que la acción más principal en ellas era la consagración y distribución de la Eucaristía.

S. Cirilo de Jerusalén, a fines del Siglo IV, enseñaba que por la víctima de propiciación se rogaba a Dios por la paz de la Iglesia, por el recto gobierno del mundo, por los emperadores, por los soldados, por los enfermos, por los apenados y concluía diciendo: por todas las necesidades se ofrece a Dios la víctima Eucarística.

Los cristianos de la Iglesia romana dirigían sin cesar súplicas al cielo, para que el Creador de todo el universo guardara a los que formaban su porción escogida, balbuciendo una hermosa plegaria en la que se contenía un deseo vehemente de obtener del Altísimo la intercesión para el fiel atribulado, para el descarriado y para toda clase de gentes que habitaban en la tierra, llegando esta conmemoración a su más alto grado en las asambleas eucarísticas. (46) S. Cirilo (47) S. Sofronio, (48) y C. Ambrosio (49) son del mismo sentir. Según las Constituciones apostólicas, que algunos han atribuído a S. Clemente, Papa, opinando otros que fueron redactadas a fines del siglo IV o a principios del V, el sacrificio de la misa se hacía del modo siguiente: comenzábase por la misa de los catecúmenos, seguíale la lectura del Antiguo Testamento, el saludo del Pontífice al pueblo a imitación de S. Pablo, usando sus mismas palabras: "la gracia

(41) De Camillis. Institut. J. Canon., I, 231.
(42) MPG., XXXI, 1631
(43) MPL., X, 546.
(44) MPG., XXXII, 579-81
(46) Duchesne, op. cit., p. 49.
(47) MPG., LXXVI, 1296; XIII, 415; (48) MPG., LXXXII, 3988-89; (49) MPL., XIV, 1051-52.

de Nuestro Señor Jesucristo, la caridad de Dios y la comunión del Espíritu Santo sea con todos nosotros"; a lo que el pueblo respondía: "y con tu espíritu"; venía después el sermón con las letanías para los catecúmenos, para los candidatos al bautismo, para los penitentes públicos; inmediatamente después comenzaba la misa de los fieles, leyendo las necesidades múltiples de la Iglesia, al igual de lo que se hace hoy día el Viernes Santo; habido el saludo del pontífice, se daba el beso de paz, presentábase la materia del sacrificio, consagrábase la misma, pidiendo de nuevo por las necesidades del pueblo, del clero y de la Iglesia, después de lo cual se distribuía el pan eucarístico, dejándose entrever que por entonces no había aplicación especial del sacrificio por determinada persona o alma, sino que, a imitación de Jesucristo, se recordaba a toda la humanidad por las necesidades que la afligían. Volviendo de nuevo a la enumeración de los dichos de los santos, oigamos a S. Basilio: "Memento, Domine, eorum, que pretiosa hace dona tibi offerunt et eorum a quibus et per quos haec intulerunt." (50) S. Agustín en el siglo V. apela a la tradición y a la práctica universal de la Iglesia al decir que las oraciones y buenas obras benefician a los muertos, de tal modo que puedan recibir en la otra vida los beneficios que de ellas se reportan, y cuando ofrece el sacrificio de la misa por su madre, dice: "el sacrificio de nuestra libertad es ofrecido por mi madre Mónica; offertur pro ea (matre) sacrificium pretii nostri." (51) Su misma madre, se dirige a él para pedirle un favor y él no sólo la escucha, sino que procurara satisfacer sus deseos. Agustín, dice su madre, no te cuides del cuerpo, ni te perturbe su cuidado, yo como madre que soy tuya solamente te pido, que te acuerdes de mí ante el altar del Señor, cuando ofrezcas el sacrificio de la misa. "Ponite hoc corpus ubicumque: nihil vos ejus cura conturbet; tantum illud vos rogo, ut ad Domini altare memineritis mei, ubi fueritis." (52)

S. Epifanio rechazó con sus escritos los errores de Arrio, entre los cuales se contaba la execración de los ofrecimientos por los muertos. El desgraciado hereje admitía que ésto era sólo útil para los vivos, ya que así se acrecentaba su creencia en la vida futura. (53)

S. Agustín exponiendo más detalladamente la cuestión, distingue tres clases de gentes; la de aquellos cuya vida no era tan mala, como para arrojarlos al infierno, la de los otros que nada tenía de irreprochable, y finalmente la de aquellos que había sido tan abominable, que no admitía intercesión alguna. Así cuando el sacrificio del altar era ofrecido por aquellos que muerieron con el bautismo, era un sacrificio de acción de gracias para los perfectos, de propiciación para los que no habían sido enteramente malos, mientras que siem-

(50) Berlendi,op. cit., p. 166.
(51) Knoll, Corpus Ecclesiasticorum Scriptorum Latinorum, XXXIII, 219.
(52) Knoll, l. oc. cit.,
(53) Kirsch, The Doctrine of the Communion of the Saints in the ancient Church, p. 195.

pre era inútil, para los que habían pasado sus días, preparando teas que les quemaran en el infierno. (54) El mismo S. Agustín reprendía a Vicencio Pelagiano, porque aplicaba el sacrificio por los niños que no habían sido regenerados con las aguas del bautismo, muriendo con el pecado original: qui offerat corpus Christi, nisi pro eis qui sunt membra Christi? y explicando estas palabras dice: ex quo autem ab illo dictum est; nisi quis renatus fuerit ex qua et spiritu Sancto, non potest introire in regnum Dei; qui perdiderit animam suam propter me, inveniet eam; nemo sit membrum Christi, nisi aut baptismate in Christo, aut morte pro Christo; (55) y en el capítulo II él mismo enseña: pro adultis non baptizatis offerri non posse. Para terminar con S. Agustín, escribiré sus mismas palabras con las que concluye el capítulo IX de sus confesiones: Inspira, Domine Deus meus, inspira servis tuis, quibus et corde et voce et litteris servio, ut quotquot haec legerint, meminerint ad altare tuum Monicae, famulae tuae, cum Patricio, quondam ejus conjuge. (56)

Inocencio I del mismo siglo en carta escrita a Decennio, obispo de Gublio, corrigiendo algunos abusos que se habían introducido, ordenaba lo siguiente: prius ergo oblationes sunt commendandae et tunc eorum nomina quorum sunt oblationes edicenda ut inter sacra mysteria nominentur, non inter alia quae antea promitimus ut ipsis mysteriis viam futuris precibus operiamur. (57)

S. Cirilo de Alejandría en su liturgia trasladada del árabe al latín por Victorio Scialachio, retenía los mismos sentimientos y aconsejaba a los fieles del mismo modo: orad por aquellos que procuran sacrificios y oblaciones, vino, pan, incienso, óleo, etc.... (58) En este mismo tiempo se puso algún dinero sobre el altar, no como estipendio del sacrificio, sino para el sostenimiento del sacerdote, como un signo de afecto y reverencia a la vez que de una obligación que pesaba sobre ellos de alimentar al representante de Cristo en la tierra. El artículo siguiente empezará con S. Isidro el cual lumbrera de su tiempo, nos trasmitirá la misma tradición.

ARTICULO II

EL SIGLO VI HASTA EL SIGLO XV.

Demos comienzo con S. Isidoro, gloria del episcopado y honra de la Iglesia española, el cual lleno de celo y ardor santo por la salvación de las almas y por la felicidad de sus diocesanos, exhorta a su pueblo a ofrecer sacrificios, recordándole las palabras del Dr. de la

(54) MPL., XL, 283.
(55) S. August. De Anima, cap. 7.
(56) Confes., 13, 37.
(57) Berlendi, op cit., p. 177
(58) Berlendi, loc. cit.,

Iglesia: "sin duda por la piedad de los fieles se alivia a las almas del purgatorio, cuando por ellas se ofrece el sacrificio de la misa y sino aprovechan a todos, es por la diferencia de vida que cada uno llevó en este mundo. (59)

Primario, comentando las palabras de la Escritura, "Tu es Sacerdos in aeternum" considera que Cristo es Sacerdote, no en cuanto que es engendrado por Dios ab aeterno, siendo en este sentido consubstancial al Padre, sino en cuanto que nació en el tiempo de una Virgen; Sacerdote que como víctima infinita se ofreció por nosotros y entregó a su Iglesia lo necesario para que continuara inmolándose, no sólo una vez en la Cruz, sino millones de veces en el altar. (60)

La Iglesia no ha tenido que dar sólo leyes y normas para la fiel observancia de la aplicación de la misa, sino que más de una vez ha tenido que arrancar de su mismo campo abusos que paulatinamente se fueron introduciendo entre los anglosajones hubo una costumbre que tuvo que reprobar la Iglesia. Cuando el acusado en juicio se veía obligado a comparecer ante el tribunal, tres días antes de comparecer en juicio, acudía al sacerdote muy de mañana, durante los cuales asistía juntamente con él al sacrificio de la misa. En la misa del tercer día abjuraba delante del ministro del Señor, delante de Dios a quien adoraba, por la religión que profesaba, por el bautismo con que había sido regenerado, no recibir la eucaristía, ni aprovecharse del santo sacrificio, si su conciencia le tildaba culpable del crimen que se le había imputado. Esto se introdujo después del siglo V. (61) Gunegunda, mujer de Enrique II de Alemania, probó así su inocencia de la imputación que se la hizo de crimen de adulterio. El papa Gregorio el Grande condenó esta abominable práctica el año 592; el Concilio de Worms hizo lo mismo en el siglo IX; el Papa Nicolás, apenas elevado al solio pontificio, renovó la condenación; (62) conducta seguida más tarde por otros sucesores de S. Pedro y por otros concilios que se celebraron.

Por este mismo tiempo se dieron varios decretos, por los que se privó a los fieles o sacerdotes que cometieron cierta clase de faltas, de algunos cultos, como pena de sus pecados; así un excomulgado no podía entrar en la Iglesia y un clérigo suspendido no podía juntarse con los demás en común oración, (63) como no se recibía ofrecimiento alguno de cristiano que estuviera excomulgado. (64)

A últimos del siglo VI o comienzos del VII hubo un acontecimiento, digno de renombre, que desafiando a las vicisitudes de los tiempos ha llegado íntegro hasta nosotros; me refiero a las misas gregorianas. Hubo un monje llamado Justo en el monasterio de

(59) MPL., LXXXXIIII,, 757.
(60) MPL., LXVIII, 716
(61) Gavantus, op. cit., p. 38.
(62) Alzog, op. cit. II, 155.
(63) Mansi, VI, 518.
(64) Mansi, VI, 516.

Monte Celio, súbdito de S. Gregorio, que conservó tres monedas de oro, las que había recibido sin licencia, cayendo enfermo, próximo a la muerte, confesó su pecado; con todo S. Gregorio mandó que no le enterrasen en sagrado y que pusiesen en el féretro con el cadáver las tres monedas; mas, misericordioso al mismo tiempo, ordenó al Superior Especioso que ofreciera por él 30 misas seguidas; sucedió, pues, que al fin de los treinta días, se apareció el monje Justo a otro llamado Copioso, avisándole que en aquel momento se veía libre de las penas del Purgatorio . El mandato de S. Gregorio claramente consta por las mismas palabras del santo al Prior del Monasterio: "vade itaque ab hodierna die, diebus triginta continuis, offerre pro eo sacrificium; stude ut nullus praetermittatur dies quo pro absolutione ipsius Hostia salutaris non offeratur. (65) Una vez que los monjes recibieron tan agradable noticia, empezaron a contar el número de días transcurridos y vieron con admiración que el hecho aconteció el trigésimo día en el cual el difunto recibió el premio de Dios, por los sufragios a él aplicados por sus hermanos de orden: "fratres vero, solicite computaverunt dies et ipse dies extiterat, quo eo trigessima oblatio, erat impleta. Esta fué la razón de introducirse poco a poco la costumbre tan santa de las misas llamadas de S. Gregorio; costumbre practicada en el célebre monasterio de Cluni, costumbre que más tarde se extendió por toda la cristiandad. (66) Sino se pone cuidado exquisito en conservar aún lo más sagrado, que hay en la Iglesia, la falsa devoción o la malicia de los hombres llega hasta deformarlo; algo así se creía que había sucedido con las misas de S. Gregorio. Benedicto XIV se lamenta con ocasión de registrar algunos testamentos hechos en la antigüedad; observó, que la voluntad de los testadores mandaba celebrar por sus almas las misas de S. Gregorio, cosa que al presente, dice él, no se ve, lo que sin duda procederá de un decreto de la S. C. de Ritos que prohibe las misas de S. Gregorio. El sabio obispo de Bolonia, que hablaba a sus diocesanos, sospechaba y con fundamento que había una falsa interpretación y malsana equivocación; por lo que juzgó ser su deber, movido por su celo y virtud y por el bien de sus ovejas, desterrar tan grave daño de su rebaño y restaurar la antigua devoción. Es verdad que existía un decreto contra las misas gregorianas; pero no contra las de S. Gregorio; contra las misas gregorianas que estaban llenas de necedades e inconexiones, y éstas son las misas prohibidas; pues, jamás fué intención de la S. Congregación abolir la antigua tradición que tuvo comienzo con tan célebre acontecimiento. El mismo Benedicto XIV da algunas normas y expone algunas observaciones sobre las mismas. S. Gregorio no habló de misa de Requiem, por lo que no es necesario que sean todas estas misas de Requiem; basta decir la del día y aplicarla por el

(65) Benedict, XIV, op. cit., I 244.
(66) Benedicto, Pastoral de Nuestro Stmo. P. Benedicto XIV, Instrucciones Ecclesiastica, I, 244-45.

alma del difunto. Si dentro de los treinta días cae la Semana Mayor, el triduo de la misma no se considera como tiempo útil para cumplir la obligación y las misas que faltan se dirán en los días consecutivos a la Pascua.(67) Al tratar este capítulo propio de las misas gregorianas, se verá la disposición de Benedicto XV sobre la interrupción que hubo de las mismas en un día determinado y ésto en todo el orbe cristiano.

En el canon 19 del Concilio Emeritense celebrado el año 666 se dispuso que todos los sacerdotes o pastores encargados de algunas Iglesias que regían por mandato de sus obispos, tenían la obligación de aplicar por sus fieles. Por entonces también se aplicó la misa por los que acababan de morir y ésto se hacía antes de dar sepultura a los cadáveres, para que encontraran propicio a Dios. El fin de ofrecer el sacrificio por los vivos era para que vivieran en armonía y existiera entre ellos la verdadera paz y caidad, y así vivieran una vida más íntima con su Dios.

Un Concilio de Toledo, celebrado el año 694, condenó la diabólica aplicación que indignos y degenerados sacerdotes hicieron del sacrificio de la Misa, dicha con la intención de pedir la muerte de sus enemigos, aplicando el fruto del sacrificio por tan inicuo y malvado fin. (68) Otro Concilio toledano, declarado abierto por el Rey Wamba el año 675, abominó y condenó a los sacerdotes que no ofrecían el sacrificio de un modo completo, puesto que cuando celebraban varias veces en un día, solamente en la última misa recibían la comunión, y para que no se continuara con semejante abuso, impuso pena de prisión a quien no obedeciera, con tantos años, cuantas comuniones había dejado. (69) La misma pena se impuso a los sacerdotes que sacrificaran a los demonios, pena sancionada por el sinodo celebrado en Becalcende a fines del siglo VII. (70) El Concilio XI de Toledo ordenó no recibir los ofrecimientos de aquellos que no habían hecho penitencia por tanto tiempo como duró el desorden. (71)

El Concilio XVI de Toledo, tenido el año 693, estableció por primera vez en todas las Iglesias de la nación española; (72) mas la oración, et famulos tuos se cree que apareció por primera vez en el Concilio de Mérida, celebrado por mandato del Rey de los Godos Flavio Recesvinto el 6 de Noviembre del 666, ocupando la silla de Toledo S. Ildefonso; en él se estableció la norma que había de observarse durante la permanencia del Rey en las batallas. (74) "Quid sit observandum tempore quo Rex in exercitu progreditur, pro Regis gentis aut patriae statu adque salute? Lo que sigue fue la respuesta

(67) Benedict, XIV, op. cit., I, 245.
(68) Berlendi, op. cit., p. 171.
(69) Hefele, History of the Councils, V, 209
(70) Hefele, op. cit., V, 249.
(71) Hefele, op. cit., V, 675.
(72) Modesto Lafuente, Historia General de España, I, 153.
(74) P. Angulo, Diccionario de ciencias eclesiásticas, mirese la palabra "collecta".

dada por los padres del Concilio de Mérida: quantum cum Dei juvamine ratio competit, ut rectitudinis regula ponatur in ecclesiastico ordine, tantum necesarium est ea excogitare et ordinare quae clementissimo Domino nostro Recesvinto, regi fideliumque suorum genti aut patriae debeant prosperitatem afferre; ob hoc ergo instituit hoc sanctum Concilium ut quandocumque cum causa ingredi fecerit contra suos hostes, unusquisque nostrum in Ecclesia sua hunc teneat ordinem; ita ut in omnibus diebus per bonam dispositionem sacrificium Omnipotenti Deo pro ejus suorumque fidelium atque exercitus sui salute offeratur et divinae virtutis auxilium impetretur, ut salus cunctis a Domino tribuatur ut victoria illi ab Omnipotenti Deo concedatur; tamdiu hic ordo tenendus est, quando cum divino juvamine ad suam redeat sedem. Quisquis hujus institucionis modum implerit distulerit, sciat a suo metropolitano esse excomunicatum." (75) En el siglo VIII, el Concilio de Franfort confirmo el decreto de Inocencio de no recitar los nombres de los oferentes, antes de que fuera ofrecida la oblación. (76) En este siglo un suceso admirable acaecido, conmovió a cuantos tuvieron noticia de él y sirvió para que se animara el pueblo cristiano a confiar más en el fruto del sacrificio de la misa. Sucedió que un gallardo joven inglés llamado Inma, luchando en el campo de batalla, cayó herido; hallado y recogido por sus enemigos le atendieron en su curación; como prisionero de guerra le ataron con cadenas, para evitar su fuga; afortunadamente era católico y de familia también católica; tenía un hermano sacerdote y a la vez abad de un Monasterio. El hermano sacerdote salió en busca de su otro hermano, da con un cadáver que creyó era el que buscaba, le lleva al Monasterio, le da sepultura y aplica por él frecuentemente la misa; pero quien gozó y participó del fruto del sacrificio, no fué el muerto enterrado en el Monasterio, lo fué Inma, que en medio de cadenas se vió libre uno y otro día al mismo tiempo en que su hermano le ofrecía la misa; el guardia que le custodiaba, no salía de su asombro; el joven católico, movido por su fé y sin temor de confesar a su Dios ante los hombres, responde: soy católico, mi hermano sacerdote ofrece por mí el santo sacrificio de la misa; si yo hubiera perecido en el campo de la lucha, mi alma hubiera hallado la felicidad, debido a las oraciones y sacrificios ofrecidos por mí; de nada valieron las cadenas que sus enemigos le pusieron; puesto en libertad, se encontraron ambos hermanos, y entonces fué cuando se comprendió el efecto del fruto. Este caso dice la historia movió a muchas personas a dar limosnas y mandar ofrecer el sacrificio por el bien de sus hermanos. Quien lo cuenta es el venerable Beda, hombre de intachable virtud y de recta intención; él mismo lo oyó referir a uno de aquellos que lo escucharon del mismo joven que tuvo semejante favor. (77) En el

(75) Mansi, II, 78.
(76) Berlendi, op. cit., p. 172.
(77) John Martin, Remarks on Ecclesiastical History, II,171-172

siglo IX hubo sacerdotes que dotados de un falso celo y de una inteligencia mezquina se dedicaron a colectar misas, traficando con ellas y diciéndolas en nombre de los vivos que podían morir pronto. Esto fué condenado por un Concilio de Toledo, deponiendo y anatematizando a todo sacerdote que así obrara, lo mismo que se hacía con la persona que inducía a observar esta conducta, admitiéndoles solamente a la comunión a la hora de la muerte. (78) Es muy digno de notarse el modo de auxiliarse que tuvieron algunos monjes entre si. Los monjes que vivían en el monasterio de S. Gal, hicieron un contrato espiritual con los que habitaban en el monasterio Aguiense de celebrar tres misas los religiosos presbíteros en el día en que muriera alguno de ellos por el alma del difunto. (79)

Nota.—Esta costumbre creo yo que ha existido siempre en la Iglesia de Dios en lo substancial, no sólo entre los monjes, sino en todas las Ordenes y Congregaciones que han figurado y figuran en el vasto campo de la Iglesia. A la mano tengo algunos documentos de algunas Comunidades, sacados de las constituciones propias de las mismas y de ellas se deduce esta creencia. En la Orden de los hermanos Servitas dicen las Constituciones: In conventu in quo frater decessit cantetur misa de Requiem. In conventibus autem illus Provinciae in qua assignatus erat de familia, pro defuncti anima dicatur missa conventualis. Quilibet sacerdos de familia in eadem provincia unam missam pro ejus anima celebret. In coeteris conventibus dicatur et celebretur missa conventualis cum responsorio Libera me. Eadem fiant suffragia in provincia filiationis et in Ordine, pro fratribus in episcopali dignitate constitutis, vel extra claustra de licentia Prioris Generalis commorantibus. Fratres qui in conventibus Priori Generali immediate subjectis degunt, ab eodem Generali viciniori provinciae quoad suffragia uniantur. Pro novitiis et oblatis seu commissis exsequiae ut supra et pro anima defuncti una missa celebretur. Pro Priore Generali, patribus Generalis officio perfunctis. Procuratore Ordinis, Priore Provinciali et Conventuali singuli sacerdotes respective Ordinis, provinciae et conventus duas missas celebrent. Pro Protectore Cardinali in quolibet Ordinis conventu solemniter cantetur Missa. Anniversaria fratrum nostrorum fiant singulis quibuscumque mensibus. Anniversiaria parentum nostrorum die decima quarta mensis Januarii. Anniversaria benefactorum Ordinis die duodecima mensis Septembris. Singulis item annis fiat solemnis commemoratio omnium fratrum et sororum defunctorum die decima quarta Novembris. Qua die dicatur vel cantetur Missa de Requiem et singuli sacerdotes pro fratribus defunctis missam celebrent. Sacrista habeat librum peculiarem, in quo adnotentur missae tam in obitu quam in aniversariis supra dictis celebratae. *(De mortuorum suffragiis)*.

(78) Hefele, op. cit., V, 247.
(79) Ciudad de Dios, LXXV, 225

La Congregación Benedictina de Suiza usa la siguiente fórmula: N. N. ex Monasterio nostro, obiit pie in Domino die....; mense....; anno....; Rverendi Patres nostrae Abbatiae dicant quinque missas. Sacerdotes Congregationis nostrae celebrant unam missam.

Las esquelas mortuorias que circulan por todas las congregaciones que constituyen la Orden benedictina usan una fórmula como esta o semejante: Pro cujus anima vestras poscimus orationes et sacrificiorum suffragia ad paria caritatis officia paratissimi.

Los sufragios que según los decretos de la Congregación de la Misión estuvieron vigentes entre los miembros que la componen y los que hoy están vigentes, se hallan determinados por las Constituciones de la misma Congregación: Tractatun fuit de suffragiis pro iis qui in nostra Congregatione moriuntur faciendis; et statuit Conventus, ut omnes nostri sacerdotes unam pro quolibet ex nostris defunctis missam celebrent; exhortando etiam sacerdotes domus in qua quis defunctus est, ut, si obligationes ecclesiae vel cappellae domesticae id permittant, alias duas missas addant. Insuper ut inposterum singuli ex nostris sacerdotibus, quantum fieri poterit, semel quolibet mense Sacrum faciat universim pro nostris defunctis. (Conv. gen. II, ass. 4, anno, 1668).

I. Pro singulis nostrum defunctis a singulis sacerdotibus una missa celebrabitur.

II. Haec missa considerari debet ut officium fraternae caritatis a nostris personaliter sumptibus quidem domus, persolvendum.

V. Quando missa quolibet mense pro duplicis familiae defunctis recitabitur, item quando missa pro recenter defuncto celebrabitur, specialis addatur intentio pro conservando spiritu Congregationis primigenio, admentem conventus generalis anni 1668. (N. 552, Conv. XXVI, 1902)

La Congregación de Saint-Viator tiene dispuesto que se celebren las misas siguientes:

1. One thousand masse shall be said every year for the departed Confreres, and so divided that they may be celebrated, as much as possible, in an equal number each month. The benefit of these masses has been extended to living Confreres, to novices as well as to their parents.

2. For each deceased Religious or novices one hundred masses shall be celebrated. Besides these hundred masses accorded to every Religious or novice, additional masses shall be celebrated in the following order: (a) for a Superior General, three hudred masses; (b) for a Vicar of the Institute or Provincial, two hundred masses; (c) for an Assistant General or a Procurator near the Holy See, one hundred masses, whether or not the Religious of these different classes are in office at the time of their death.

3. Moreover, upon the death of a Religious or of a novice each

priest of the Institute shall celebrate one mass for the repose of his soul.

4. Upon the death of a Religious or of a novice all members of the Institute shall recite the De Profundis during fifteen day at morning prayers for the repose of his soul; and those who are not priests shall offer four communions for the same intention. (Chapter IV. Social relations. Article II. Towards Superiors and Confreres. N. 138)

En la Provincia Americana de los miembros de la Congregación de la Preciosísima Sangre se lee este mandato: In obitu alicujus Socii, etiam No vitii aut Fratris inservientis, tres missae a quolibet hujus Provinciae Sacerdote applicentur; pro solis Missionariis autem aliarum Provinciarum una missa absolvatur. Pro Fratribus vero laicis quaelibet Provincia separatim saffragia persolvit juxta regulam. (Regula Congregationis Missionis a Pretioso Sanguine D. N. I C. Tit. 4, Art. 40, p. 48)

Con estos ejemplos se prueba más que suficiente lo que dije anteriormente. Para no alargar más este asunto, omito otros decretos de otras Ordenes y Congregaciones tenidas en gran mérito por la Iglesia por su vida y por sus trabajos. Basta, pues con enunciar algunas de las más antiguas, como la Orden Benedicta y la de los Servitas y las otras que pudiéramos llamar casi de hoy. Según la crónica del Monasterio Lobliense del obispado de Lieja, escrita por el abate Folcano que vivió en el siglo X, la recitación de los nombres que ofrecían dones y por quienes se aplicaba el sacrificio, la hacía el Subsidiácono, no en voz alta, sino al oído del sacerdote: "Dixit Adalbero Remensis praedecesorum usque ad se ductam consuetudinem ut inter missarum solemnia in ea speciali commemoratione defunctorum quae supra diptica dicitur et in consecratione Dominici Corporis solemniter agitur, quotidie in eorum presbteri recitanti silenter subdiacono" (80) En el siglo anterior se arrojó del templo, no admitiéndoles a la participación de los misterios aquellos que habían tomado alimentos ofrecidos a los ídolos. (81) Se abominó de tal manera del suicidio, que el que se quitaba a si mismo la vida, quedaba por lo mismo privado de todos los sufragios. Quienes han sido ejecutados, dice el Concilio de Orleans, no se ven privados de las oraciones de la Iglesia,pudiéndoles ofrecer toda clase de sufragios; pero de ningún modo a los suicidas (82) Hubo costumbre antes de llegar al siglo XI de celebrar varias veces al día; no cabe duda que muchos la harían por verdadera devoción, como se puede creer del Papa León (83) que por confesión de él mismo, según atestiguan personas fidedignas, llegó a celebrar 7 o 9 misas en un mismo día; pero otros llevados más de la avaricia que del celo de santificar las almas reiteraban y aplicaban la misa, movidos por el torpe deseo del lucro, ra-

(80) Berlendi, op. cit., p. 173.
(81) Mansi, VIII, 838.
(82) Mansi, VIII, 837.
(83) No se sabe si fué León I-II-III o IV; Ciudad de Dios, LXXV, 225.

zón por la cual el autor de la vida de Sto. Tomás Canturiense escribe indignado contra tales sacerdotes que así profanan lo más sagrado que hay en la Iglesia católica: Illos autem, non Christi sed mammonae sacerdotes praeterea qui propter oblationem quaestum, unam Christi et semel oblatam hostiam quotide non semel, sed libentius iterum non tam consecrant, quam dilaniant Filium Dei quaestui habentes. La Iglesia no podía callar ante tales desmanes, y aunque se da como dudosa la prescripción atribuída a León IV de no celebrar más que una misa al día, sin embargo, el primer decreto que se encuentra sobre el asunto, es el llamado derecho de Alejandro II, (1061—1075), referido por Graciano, cuando habla de las misas que se han de decir. "Sufficit sacerdoti uanm missam in die una celebrare, quia Christus semel passus est totum mundum redemit. Non modica res est unam missam facere, et valde felix est, qui unam digne celebrare potest. Quidam tamen pro defunctis unam faciunt, et alteram de die, si necesse fuerit. Qui vero pro pecuniis aut adulationibus asecularium una die praesumunt plures facere missas, non aestimo evadere damnationem. (84) Por lo expuesto se ve que se permitían dos misas a lo sumo, y ésto, en el caso de haber algún difunto; lo mismo que en tiempo de León IV en que parece que se repetía el sacrificio el día de Navidad y cuando había algún funeral de cuerpo presente (85) En el siglo XII Juan Belleto explicaba la palabra *Memento* en estos términos: Concessum est aliquid vel detrahere vel addere, nisi quandoque nomen illorum pro quibus specialiter vel nominatim offertur saccrificium. (86) El Memento ocupa el lugar de los dípticos, recordando en el primero a los vivos, y en el segundo el sacerdote por la misericordia divina de Jesús que está presente en el altar dirige un recuerdo a las almas del purgatorio. (87) Un autor desconocido del mismo siglo, comentando la palabra Memento, dice que en el lugar donde se halla esta palabra, era en donde el sacerdote encomendaba a quienes él deseaba y en donde se hacía la aplicación del sacrificio como antiguamente se acostumbraba. (88) En este mismo siglo Alger el Escolástico, dice que si el sacrificio que es ofrecido diariamente a imitación del cruento de la Cruz, es distinto de este último, entonces podíamos concluir, que el sacrificio más verdadero es superfluo. (89) La Iglesia ofrece por si misma a Aquel que se ofreció a si mismo por ella, y lo que Cristo hizo una vez en la Cruz muriendo, la Iglesia lo hace multitud de veces en el transcurso de los siglos. (90) El venerable Beda habiendo escrito la vida de Luzberto, pidió al obispo monje de Lindesfarnese Ealfrido que le encomendara y se acordara de él en la santa misa: me defuncto pro redeptione animae quasi pro

(84) C. 53, D. I, de cons.
(85) Ciudad de Dios, LXXV, 227.
(86) Berlendi, op. cit., p. 181.
(87) Quarti, Rubricae Missalis Romani commentariis illustratae, p. 2, tit, 9, n. 2.
(88) Berlendi, op. cit., p. 181.
(89) MPL., CLXXXIX, 789.
(90) MPL., CLXXX, 786.

familiaris et vernaculi vestri orare et missas facere et nomen meum inter vestra scribere digneris. (91)

El sacrificio era ofrecido no sólo por las almas de los difuntos sino que se procuraba satisfacer a todas las necesidades de la Iglesia; a nadie se excluyó, ya que en el reino de los cielos tienen cabida el rico y el pobre. Ugon Eteriano anima a los pobres, no dudando afirmar aunque no dejen dinero para misas, no deben de angustiarse, porque justo es el Señor: Justus est utique Deus non habentes beneficus, habentibus comnumerans, no beneficia quae pro suis mortuis quique faciunt, misericors Deus pro omnibus qui meruerunt in vita ut juvari possint accepta. (92) En este mismo siglo se hallaba también una larga misa titulada Pro salute. (92)

En el siglo XIII en Alemania surgieron los Waldenses que rotundamente negaron que los sacerdotes tuvieran poder para aplicar las misas por las almas de los difuntos; al instante fueron condenados por la Iglesia por propalar y predicar tales doctrinas tan contrarias a la creencia del pueblo cristiano y a la costumbre doce veces secular. (94) En la Edad Media, abusando del nombre de sacrificio, se conoció con el nombre de misa negra la profanación de la misa, por la que se invocaba a los espíritus infernales para obtener de de ellos el diabólico auxilio del mismo Luzbel y en la que los asistentes comulgaban con hostias negras, parodiando irónicamente a los servicios de nuestra sacrosante religión; (95) y llegaron a tal punto en su degradación que se introdujo el bárbaro e inhumano uso de asesinar a los infantes; por entonces también en París (96) y en Worcester (97) se abominó y se condenó el uso nunca permitido por la Iglesia, por el que algunos sacerdotes, llevados del celo del dinero, jugaban con las cosas divinas administrando y aplicando el sacrificio a capricho y voluntad que rayó casi en locura; me refiero a las aplicaciones que multiplicaban con relación a los estipendios recibidos (98) Estas misas comenzaban una, dos, o más veces desde el introito hasta el ofertorio, tantas veces cuantas eran oblaciones recibidas; una vez completado el número se continuaba recitando el canon que era único y común para todos; repitiendo también igual número de veces las oraciones postcommunio. A estas clases de misas se las llamaban Bifaciadas, Trifaciadas, etc, etc, etc; de las cuales dijo Pedro Cantor o más bien de los ministros: Los sacerdotes que así obran, venden más torpemente a Cristo que lo hizo Judas; éste le vendió por 30 monedas y aquellos le venden por un denario. (99)

---

(91) Berlendi, op. cit., p. 175.
(92) Berlendi, op. cit., p. 170.
(92) Tommasini, Antiphonarius S. Gregorii Papae, p. 250.
(94) History of the Christian Religion, IV, 610, Neander.
(95) Espasa, XXXV, 857.
(96) Hartunin Conciliorum, VI, pars II, 1940.
(97) Martene, Thesaurus nov. Anecd. IV, 893.
(98) Benedicto IV, op. cit., II, 278.
(99) Pedro Cantor, Verbum Abreviatum, cap. 37. spud Benedict, XIV Institut.

Otra misa, conocida con el nombre de Seca, tuvo lugar, aunque no con los fines de las anteriores, comenzó por la indiscreta devoción de unos y la demasiada indulgencia de otros; durante la consagración, como ésta no existía, se mostraban al pueblo las reliquias de algún santo, del que se solía hacer conmemoración; éste género de misas se celebraba también por la tarde (100) en las exequias de los difuntos. El Conc. Trid. intentó condenar este modo de obrar, pero no lo llevó a cabo; el mismo cayó en desuso. En España hubo costumbre cortada en ciernes por los Concilios celebrados en Cartago (Africa) y en Braga(España) de aplicar la misa por el difunto a la misma hora del día en que el difunto había expirado, ya se encontrara el sacerdote en ayunas, ya hubiera tomado alimento. (101) En la edad media se hace también mención de la misa náutica, llamada así por el lugar donde se celebraba; el Rey S. Luis en sus viajes por el mar en tiempo de las cruzadas ordenaba se dijera en presencia de él. (102) Se tenía por principio general al que se atenía de un modo estricto y riguroso el principio contenido en el misal romano, cap 47 "in loco fluctuanti ut in mari vel in fluminibus celebrare con licet" principio que hoy día no está en uso. Debido a ésto sin duda, hubo costumbre de celebrar en el mar, movidos sólo por la devoción de los navegantes, la misa seca que tomó este nombre por carecer de lo esencial del sacrificio (103) La causa por la que se introdujo esta misa en las prolongadas navegaciones, fué también la devoción de los marineros y pasajeros; se celebraba del modo siguiente: el sacerdote revestido empezaba a decirla hasta el ofertorio; se recitaba el prefacio; se omitían las secretas, el canon, la consagración; se recitaba el Pater noster; (104) a veces se celebraba con ministros, como si fuera solemne; se celebraba con el *fin de aplicarla por alguno* de los vivos, o por las almas del purgatorio; un monje benedictino que murió a fines del siglo XVI, afirma haber asistido a una de ellas en Turín, dicha al atardecer por el alma de un noble que acababa entonces de morir; se decía con frecuencia en presencia de enfermos y de marinos; ya cayeron en desuso; (105) esta misa se confunde con la llamada seca, de modo que ambas se celebraban en mar y tierra. S. Luis Rey de Francia afirma que Gaufrido, estando preso del moro acostumbraba decir dicha misa, la que él oía. (106) Se decía del mismo modo, cuando los peregrinos no podían alcanzar la verdadera misa, a fin de que así se atendiera a sus deseos. (107) Si alguno mo-

(100) Benedicto, XIV, op. cit., II, 70 y ss.
(101) Bona, op., cit., p. 219.
(102) O'Brien op. cit., p. 10.
(103) O'Brien. op. cit., p. 10-11; Martene, De Antiquis Ecclesiae Ritibus, lib. 1, cap. 3, art. 1, n. 16 y sig.
(104) Durando, In Rationali, lib 4, cap I.
(105) O'Brien, 1. c.
(106) Benedicto, XIV, op. cit., II, 70.
(107) Guido Monte, Ehiridion Sacerdotal, 4, cap .7.

ría era difícil guardar el cadáver, obligados por lo mismo a enterrarle, antes de darle sepultura, se celebraba esta misa. (108)

En el siglo XIV Juan Simeón, arcipreste de la Iglesia catedral insistió en erigir un altar y fundar una capellanía en la misma iglesia catedral con esta intención "pro amore Dei et remedio animae meae", ordenando que el capellán celebrara diariamente por ese fin. Llevada más tarde la cuestión a la S. C. se declaró que se celebrara por el alma del fundador y como parece que no se siguió la voluntad del testador, se ordenó que se pidiera condonación por las misas pasadas. (109)

ARTICULO III

DESDE EL SIGLO XV HASTA NUESTROS DIAS

Al principio de la Reforma, cuando una inmensa hecatombe se arrojaba contra la verdad del Crucificado, pura e inmaculada; contra el Vicario de Cristo en la tierra, infalible desde su cátedra, cuando enseña a sus hijos la doctrina de la Iglesia, la doctrina de la Iglesia permanece siendo la misma; la misma creencia se asienta en el corazón de los fieles; la misma fé es la brújula que guía a los cristianos por el verdadero camino que conduce a la salvación.

Nunca mejor que ahora se puede decir que la Iglesia y el cristianismo son el fuerte yunque, cuya resistencia acaba por rendir el brazo del que le hiere y por quebrantar el martillo que descarga sobre él sus golpes. Algunos enorgullecidos y arrastrados por la soberbia, para los cuales ni la experiencia de tantas centurias, ni la razón, ni la historia encierran lección alguna provechosa, claman a voz en grito contra la Iglesia vaticinios de pronta desaparición; fanáticos, impulsados por una idea falsa y exagerada, llevados, como es frecuente, al empleo de medios violentos ya sea de palabra ya de obra, se yerguen ufanos para derrocar con sus fuerzas la roca firme que se apoya en la palabra eterna. La Iglesia, si en los siglos anteriores supo confundir a sus enemigos, lo mismo lo hará en este período y resurgirá como siempre en medio de los denuestos de esos infames, potente sin que la doctrina que guarda pierda su splendor.

Al principio del siglo XV el Conc. de Constanza condenó los errores de Wiclef, completamente opuestos a las enseñanzas de la Iglsia sobre los sufragios e indulgencias (2) que aplicó a veces en general, por toda la Iglesia, otras veces por personas particulares, o por determinadas almas, rechazando de plano los errores publicados.

(108) Iter Liturgicum per Gallias, p. 76, Maleon.
(109) Collectio Resolutionum Con Trid. XIII, 523.
(2) Speciales obligationes, applicatae uni personae per praelatos vel religiosos, non plus possunt eidem, quam generale coeteris paribus. Omnes sunt simoniaci qui se obligant orare pro aliis, eis in temporalibus subvenientibus. Mansi, XXVII, 1204-1208-1211.

En este tiempo era muy común celebrar, v.g. una misa de Requiem por el alma de N. N.; una misa especial por la necesidad de un viviente etc. y en el Sacramentario Gelasiano se encuentran más de treinta y ocho formas especiales para ser intercaladas en el lugar de la misa a donde corresponde la oración hanc igitur; dichas fórmulas contenían otras tantas intenciones. En la Consagración de un obispo se lee esta cláusula: "la que ofrecemos por tí, tu siervo", y el nuevo consagrado respondía, "por mí tu siervo, a quien has designado para el episcopado". Llegamos al punto culminante en donde la Iglesia, convocada por el mismo romano Pontífice en Trento, dejará oir su voz por todo el universo; allí se nos enseña que la misa no es acción privada, ya que todas las misas, ya sean privadas, ya sean públicas, son ofrecidas por toda la cristiandad; exponiendo de un modo admirable el fin con que se deben celebrar dichas misas.

Si alguno dijere que no se ofrece a Dios un verdadero y propio sacrificio, sea anatema; Si alguno digere que el sacrificio de la misa, es sólo de acción de gracias y de alabanzas o una mera conmemoración del sacrificio de la Cruz, y no propiciatorio, sea anatema. (3) El Can. III expone también cómo el sacrificio es útil tanto para los vivos, como para los muertos, ofreciéndose también por otras necesidades, y termina con el anatema de costumbre contra quien dijere lo contrario. El can V trata, de cómo se aplica el sacrificio para honrar a los santos, no teniendo éste modo de obrar nada de impostura, como dicen los enemigos del sacrificio. El mismo Conc. Trid. patrocina la enseñanza de los santos Padres y de todas las Liturgias, tanto de Oriente, como de Occidente, siempre que ellas merezcan el nombre de tales por su veracidad y contenido, siguiendo con fidelidad la doctrina enseñada por la Iglesia. (4) Sin temor se puede afirmar que el Conc. Trid. ha sido el faro luminoso que ha deslumbrado la multitud de cábalas y opiniones absurdas, hueras de talento y faltas de virtud que ofuscadas por las nuevas doctrinas de Lutero, pretendieron acabar con la obra admirable, consumada por Dios en el Cenáculo y sellada con su misma sangre en el Gólgota.

El Concilio de Méjico, celebrado el año 1585 declara y determina la obligación que tienen los pastores de aplicar y celebrar la misa por las almas a ellos encomendadas y esta carga les obliga a hacerlo todos los Domingos y fiestas. (5) El Concilio Aquilense, celebrado el año 1596 emplea casi las mismas palabras. (6) Los Sínodos Napolitano y Zaragozano contienen idéntica doctrina. (7) El obispo ambiense cree que de las obligaciones que impone el episcopado, la más principal es el ofrecer el sacrificio por los diocesanos. (8) El Sinodo

(3) Conc. Trid XXII, De Sacrf. Missae, sess, c- I-III.
(4) Collectio Resolutio. Conc Trid. p. 523
(5) Mansi, XXXI Vb. 1092
(6) Mansi, XXXI Vb. 1386.
(7) Mansi, XXXVb, 826.
(8) Thenier, Acta Genuina S. C. Oecumenici Conc. Trid. I'I, 213

de Valencia que tuvo lugar en este siglo, procura recordar las enseñanzas y mandatos del Concilio Trid. referentes a la aplicación del sacrificio por las almas encomendadas a los párrocos, y que se han de aplicar tanto en la ciudad, como fuera de ella. (9) Layman cree en la obligación de los párrocos y los exhorta a que no se olviden de sus fieles en el ofrecimiento del sacrificio por los mismos. (10) Toleto es el del mismo pensar. (11) Desde remotísimos tiempos fué costumbre muy laudable y cristiana celebrar la misa de la aurora en la iglesia de la Sociedad del Sufragio, cuyo nombre indica por sí solo el fin de la misma sociedad. A ella dejaron sus bienes personas de alma grande y llenas de fé: María Jacota entregó todos sus haberes a esta Sociedad el año 1672, con el fin de que se dijera una misa, que sirvieraviera de sufragio; Dominica Loza hizo lo mismo el año 1680; Antonia, viuda de Torbaglio, entregó todo cuanto tenía, y para no enumerar más terminaré con Preposito Cortina que remitió a dicha Sociedad una gran suma de dinero (12) con el mismo fin. En el Registro de las asambleas de la ciudad de Asta se halla la siguiente anotación: "anno Domini 1426, mensis Januarii, Nos, Fratres conventus Astensis tenemur et obligamur usque in perpetuum omni die dicere unam missam pro bono et statu conservationis Communitatis Magdeburgensis in Zelandria. Esta carga vino cumpliéndose hasta el año 1661; examinando más tarde las actas se juzgó conveniente que no se aplicara la misa por los fines propuestos, pues después del año 1661, dicha comunidad pervertida se había pasado a la heregía; enterado el ordinario de aquel lugar, ordenó se celebrara por la recuperación y conversión de los carmelitas mencionados; llevado el asunto a Roma, se respondió, se dijera la misa por los frailes lícito modo. (13) El Concilio de Méjico tenido el año 1555 decretó que ningún sacerdote aplicara por sí mismo las misas que imponía a sus penitentes, ni que exigieran a los mismos cantidad alguna para decir ellos las misas: quien así obrare incurría en pena doblada (estos son los términos de la ley) dando de lo que para sí aplicó, la mitad para la fábrica de la iglesia y la otra mitad al acusador, además de ser suspendido por el tiempo que le pareciere al Ordinario o a los provisores del mismo ordinario. (14) Después del Conc. Trid. dos Concilios, el Colonense y Monasteriense, en Alemania impusieron obligación a los sacerdotes de decir la misa por sus feligreses. (15) En un Conc. Provincial Romano se estableció pedir a todo sacerdote cuenta de su conducta en lo tocante a la celebración y aplicación de la misa por sus súbditos en los Domingos y fiestas. (16) Próspero Lambertini, siendo obispo, se

(9) Thenier, Acta Genuina S. C. Oecumenici Conc. Trid II, 213
(10) Theologia Moral. lib. V, cap. 3, 339.
(11) Commentarium in tert. partem Sacr. Theolg. q. 83, 353; Hurtado, De Residentia, I, 349. Barbosa, De Parocho, p. I, capt. XI, 97; De Officio Episcopi, p. II, 304.
(12) Collect. Resolut. Con. Trid. p. 523
(13) Collect. Resolut. Conc. Trid 1. c.
(14) Conc. Provincial de Méjico, p. 53-54
(15) Conc. Germ. Coloniense, IX, 1031; Monasteriense, X, 338, Harzheim.
(16) Mansi, XXXVLVb, 1854

esforzó y puso toda la diligencia posible para averiguar, si los sacerdotes incardinados en su diócesis cumpían con el deber de aplicar la misa por su pueblo; para ello se valió de un libro entregado a cada uno de los sacerdotes, los que tenían la obligación de consignar en el mismo los días que habían dicho la misa con el fin buscado; en tiempo de las ordenaciones, en el examen de los confesores y en el concurso de las parroquias, el obispo tomaba ocasión para investigar de nuevo sobre el asunto que tánto le interesaba y al cual daba suma importancia. (17) El año 1794 Pío VI por su escrito contenido en la Const. Auctorem fidei condenaba la doctrina del seudo Sínodo pistoriense, que negaba al sacerdote, pudiera aplicar el fruto ministerial de la misa, añadiendo a la proposición condenada los adjetivos de falsa, temeraria, perniciosa, Ecclesiae injuriosa, inducens in errorem alias damnatum in Wiclefo. En los primeros años del siglo XVIII, Inocencio XII en el Breve Apostolicum al obispo de Pistoya confirma la decisión de los cardenales de la S. C. del Concilio, y tanto la mente de la Congregación como la del Romano Pontífice estaban en favor de que los sacerdotes párrocos debieran de ofrecer la misa por los fieles a ellos encomendados. (18) En este mismo siglo empezó a usarse en Aragón, España, el privilegio de celebrar el dos de Nov. tres misas, privilegio extendido más tarde por Benedicto XIV, a instancias de los reyes de España y Portugal, Fernando VI y Juan V, a toda la metrópoli y vastos dominios de ambas naciones. La América española y las colonias portuguesas usaron del privilegio, aún separadas de sus respectivas metrópolis. León XIII abolió todos los privilegios concedidos, concediendo por su Bula Trans Occeanum, dada el 18 de Abril de 1897 la facultad de decir tres misas en dicho día por un período de treinta años. Pío X le hizo extensivo al Archipiélago filipino. (19) Benedicto XV, con ocasión de la espantosa mortandad, causada por la guerra europea, que todos nosotros hemos presenciado, extendió este privilegio a toda la cristiandad el 10 de Agosto de 1915 y bien claro está que una de ellas es en sufragio de los difuntos y de las otras dos a intención del Romano Pontífice una y a voluntad del sacerdote la otra. (20. Collet impone a los párrocos y a los obispos la obligación de decir la misa por los suyos, por su pueblo. (21)

Finalmente si se atiende a la disposición del misal, se comprenderá fácilmente quiénes son las personas por quienes se dice la misa. Antiguamente alguno llegó a contar hasta 115 votivas diferentes; hoy se han suprimido muchas de ellas, pero aún quedan las suficientes, para que la Iglesia, como madre tierna y santa, atienda, siguiendo la voluntad de Cristo, a la santificación de las almas que guiadas por la

(17) Prospro Lambrt. Institut. Eccles. X, 22.
(18) Pallatini, Coll. S. C. C. XIV, 585.
(19) Acta II, 220
(20) Bulla Incruentum 10-Aug.-1915, Fontes, n. 706
(21) Petrus Collet, Institut. Theolg. Moral. IV, 704

fe, ven un más allá a través del sepulcro, en donde esperan la felicidad eterna.

El argumento más fuerte sobre el que descansa toda la cuestión y que vigoriza más el asunto de todo lo dicho, es: que así como el origen de recibir estipendios se funda con bastante probabilidad en los doce siglos de práctica que lleva existiendo, desde el siglo VIII hasta el siglo veinte; así también, el origen de aplicar las misas por los viadores de este mundo, por las almas que purgan sus pecados en el purgatorio, como por las múltiples necesidades como surgen a diario en la sociedad católica y cristiana, tiene con toda certeza a su favor los veinte siglos que lleva de existencia; ayer sin recibir estipendios y hoy pagando no el valor de la misa, porque es infinito, sino dando una limosna que aligere las necesidades del ministro del Señor.

Como breve resumen de lo que he dicho, y para concluir diré que la misa es el sacrificio más agradable a la humanidad por el que se rescata de nuevo diariamente a la humanidad; es el verdadero holocausto en donde se sacrifica la víctima divina y se ofrece el Verbo encarnado al eterno Padre para expiación de los pecados; la misa es el acto latréutico, que naciendo en el Cenáculo, pasa de generación en generación y multitud de seres cristianos la reciben como el más precioso legado dejado por el mismo Dios a los hombres. No ha habido época, desde la fundación del cristianismo, en que ella haya dejado de existir; resistirá también a las puertas del infierno y prevalecerá, porque se apoya en la palabra eterna; las persecuciones de los primeros tiempos, sirvieron para que se arraigara más profundamente en el corazón de los cristianos, que probados en la fragua del martirio rivalizaron por su fe y confesaron sin temor a Cristo; los días venturosos de sosiego y tranquilidad la propagaron por entre gentiles y paganos y crecido el rebaño de Cristo y dilatada la doctrina del Crucificado ha sido, es, y será la adoración más sublime con que adoramos a nuestro Dios. Los primeros Padres de la Iglesia la defendieron y guardaron; la miraron como la herencia más propicia y de más valía que dejada por Cristo y trasmitida por los apóstoles, había de ser también trasmitida a la falange cada vez mayor que se acercara a beber, las aguas del más puro manantial. Ya no será en los cementerios del Santa Inés, de S. Hermes, de Priscila, de Domitila, de Gordiano etc; (22) será en todos los pueblos, será en todas las naciones, en donde se dirijan ruegos y súplicas, en donde se vean deseos y vivas ansias de que este sacrificio sea ofrecido por vivos y no vivos y por las necesidades todas que a diario se ofrecen en el seno mismo de la Iglesia, siendo inifinitamente más en número los ministros de Dios y de la Iglesia que atenderán a satisfacer los anhelos del pueblo cristiano. Tiempo llegó en que permitido el culto cristiano y protegido por emperadores y reyes, salió la Iglesia de las catacumbas, djó los camposantos, aunque no los olvidó, para edificar la

(22) The Missionary, XLIV, 97, n. 3.

casa del Señor en medio de las ciudades, en medio de los pueblos, siendo no sólo en los antiguos tiempos, sino en la Edad Media y en nuestros mismos días el edificio más esbelto, el dedicado a celebrar los cultos del Señor. La Iglesia fijó sus normas; dió sus leyes; corrigió abusos; se afanó por conservar puro e intacto lo que vino del mismo Dios. A medida que creció la cristiandad, se crearon nuevos pueblos para Cristo, se fundaron nuevos templos y se llegó en todo el orbe a celebrar el acto público de adoración de acción de gracias y de propiciación, como es la misa, por la cual el sacerdote adora a Dios le da gracias e implora sus favores y misericordias, según las frases que se recitan: ad utilitatem nostram totiusque ecclesiae suae sanctae; pro omnibus fidelibus christianis vivis atque defunctis; pro ecclesia tua sancta catholica, omnibus orthodoxis atque catholicae fidei cultoribus; pro nostra et totius mundi salute. (23).

Desde remotísimos tiempos se celebraron Sínodos, se tuvieron concilios provinciales, en los cuales se fijaron también normas, sometidas desde luego a la autoridad suprema que reside en el representante de Cristo en la tierra y en todos ellos se guardó con predilecta atención, el sacrificio augusto de nuestra sacrosanta religión. Lo mismo se hizo en aquellas reuniones magnas que convocadas por el sucesor de Pedro, representaban a toda la humanidad, estableciendo derechos, defendiendo y dando leyes que sancionadas por el Romano Pontífice, obligaban en todo el reino cristiano y católico y en todas ellas se atendió con exquisito cuidado para que la misa se dirigiera a aliviar las miserias que afligían y afligen a diario a los miembros de la Iglesia, a socorrer a los viadores de este mundo, a ayudar a las almas del Purgatorio y hacer del sacrificio el uso más necesario para nuestra santificación. Para que quedara más grabado en las conciencias católicas, se ha impreso de nuevo en el Código de leyes por el que se rige la Iglesia, para que siguiendo la tradición los cristianos de hoy, imitando a los del pasado, dejemos también ejemplo de nuestra creencia y de nuestra fe.

---

(23) Conference Bulletin of the Archidiocese of New York, I, 105, n. 3.

CAPITULO III

ETIMOLOGIA DE LA VOZ "MISA"

Antes de pasar a la segunda parte del comentario de la cuestión, no me parece fuera de lugar el dedicar un breve capítulo a historiar este vocablo que es hoy tan usual. Ninguno está tan extendido entre los miembros que constituyen la Iglesia Católica. La palabra latina (Missa) ha sido trasladada a los muchos y diversos idiomas de las gentes que pueblan el orbe, significando siempre entre los católicos la misma idea con diversos y diferentes vocablos.

Hallar el origen de esta voz es problema bastante arduo, puesto que autores de gran renombre, tratando de dilucidar esta cuestión, confiesan ingenuamente, que son muchas las dudas y discusiones a que ha dado lugar la etimología de dicha palabra.

Covarruvias y con él algunos otros opinan que esta voz viene del griego; (1) pero Suárez rechaza este modo de pensar, no encontrando ningún fundamento para este aserto en la lengua griega, ya que los padres griegos nunca la usaron en sus escritos, ya también por su fraseología distinta: Liturgia, Sinaxis, y otras equivalentes voces eran las más ordinarias y las más comunes a este misterio. (2) Alguien la ha hecho derivar de la palabra griega (mues) que envuelve en sí la idea de principio, formándose de (mueesis) (Missa). (3) Los luteranos con osadía sin igual la derivan de la voz hebraica que se contiene en la profecía de Daniel II, en donde se lee: Mas tributará culto al Dios Maozim en el lugar de su residencia; entre ellos principalmente Kemnicio dijeron que la misa era la fuerza del Anticristo romano. Belarmino al proponer esta cuestión y tratar de investigar su antigüedad, su etimología, su significación y el sentido en que la han entendido los católicos, cuando dicen que la misa es el sacrificio, dice: no se puede dudar que en la Iglesia latina esta voz es antiquísima y muy común. (4) No han faltado quienes hayan creído que rae su origen del hebreo, de la voz original que significa oblación, de cuya palabra juzgaron se derivó Missa, sacrificio de la nueva ley, (5) apoyados al parecer en lo que se lee en el Deuteronomio,

(1) Opera Omnia, II, 375
(2) Rosset, op. cit., p. 480.
(3) Genebrando, Liturgia Apostólica, cap. VII.
(4) Opera Omnia, III, 471
(5) Benedicto IVX, De Sacrf. Missae, I, 109.

cap. XVI, que trata de las tres fiestas solemnísimas del pueblo judío; de Pascua, de Pentecostés y de los Tabernáculos.

Suárez admite esta sentencia sólo como probable, haciéndola sospechosa el silencio de los Griegos y Sirios que solían con frecuencia usar las voces que aún hoy día la Iglesia Latina retiene, como Hosana, Amen, Alleluja, Sabaoth, Satan, Sabbatum, Pascha; (6) añadiendo a ésto que tanto los Sirios como los Maronitas que celebraban el divino Sacrificio en lengua caldaica no usaron el vocable Missa, sino que para significar el sacrificio usaron la voz que significa Sanctum seu Sacrum. (7) La mayor parte de los autores encontraron su origen en la palabra latina (mittere), de tal modo que missa suena lo mismo que missio seu abeundi venia. Escritores latinos de gran renombre por sus escritos la emplearon en este sentido. *Legiones, bello confecto, missas fieri,* contiene Cicerón. (8) *Brevi Lolliam Paulinam uxorem missam fecit,* se halla en Suetonio. (9) En estos escritores en los pasajes enunciados tiene el mismo sentido de *missio seu abeundi venia.* El modo de obrar de la Iglesia en los primeros tiempos influyó en los Doctores a opinar de este modo por aquello de que el diácono después del evangelio y de la predicación despedía a los catecúmenos, y concluído el sacrificio decía a todos los fieles estas palabras: *ite, Missa est,* despedida que hoy día se hace en todos los templos cristianos al terminar el sacrificio, pero sólo una sola vez al fin de la misa. (10.) Parece, pues lo más acertado pensar y admitir qué Missa viene y se toma en la significación de *missio o dimissio,* que no significa otra cosa que despedida (11) y en tal sentido aceptada, parece ya hallarse en los primeros tiempos de la Iglesia Católica. La voz Missa pareció ser usada en los primeros tiempos de la Iglesia romana. S. Pío I, cercano a los apóstoles, llamó al sacrificio eucarístico Missa; lo propio hizo en el siglo III Cornelio Papa. (12) El Cardenal Bona después de aducir muchos testimonios que manifiestan lo que acabo de decir, concluye diciendo: podría llenar muchas páginas, aduciendo otros muchos testimonios, pero bastan los citados para probar que el origen de este vocablo es *missio;* Missam a missione et populi dimissionem significare. (13) Parece por lo tanto que *Missa* se tomó en la significación de *Missio* o *dimissio* así como *accessa* de *accessio* y *reccessa* de *deccessio, remissa* de *remmissio.* En este sentido se lee en Tertuliano contra Marción: *Diximus de missa peccatorum;* y en S. Cipriano: Dominus baptizatur a servo,

(6) Suárez, in 3, disp. 74, sect. 3 n. 2.
(7) Belarm. op. cit., III, 472
(8) Locus est Ciceronis in Philippica V, c. 53, ed. Oxford.
(9) In Cajo, cap. XXV, ed Teubner.
(10) Bellarminus, op. cit., III, lib. V, cap. I; Van Espen, Jus Eccles. Univers. part. II, tit. V, cap. I, n. I; Natalis Alexander, Theolog. Dogmat., lib II, De Sacrament. Eucharist., cap VI, art. IV.
(11) Geyer, Itinerar Hierosolymitana, p. 3;; Schmalzgrueber, Ius Ecclesiast., VII, 457.
(12) Rosset, op. cit., p. 482.
(13) Rerum Liturgicarum, Cap. I, n. VI.

et remissam peccatorum daturus. (14) Del mismo modo se formó *oblata* de *oblatio,* y *ascensa* de *ascensio* sólo con una breve inflesión. (15) Del mismo sentir es S. Agustín a juzgar por lo que él mismo escribió: Ecce post sermonem fit Missa a cathecumenis; manebunt fideles. (16) En el siglo VI, S. Avito de Viena se explicaba al rey de los Borgoñes, Gundebaldo: Specialibus in epistola memorastis, quid vel unde dictum sit non missum facitis. Quod omnino nihil est aliud quam non dimittitis. A cujus proprietate sermonis, in ecclesiis palatiisque sive praetoriis, missa fieri pronunciatur, cum populus ab observatione dimittitur. Nam genus hoc nominis etiam id soecularis auctoribus, nisi memoriam vestram per occupationis lectio desueta subterfugit, invenietis. (17) Por este mismo testimonio se ve que esta significación no fué de uso exclusivo de la Iglesia. S. Isidoro también la tomó en este sentido de despedida: Missa tempore sacrificcii est quando cathecumeni foras mittuntur, clamate levita, si quis cathecumenus remansit, exeat foras et inde Missa. (18) He dicho antes que fué esta significación tomada del mismo modo fuera de la Iglesia, y como parece haber sido hallada en los primeros tiempos del Cristianismo en que aún había entre los fieles ciertas ceremonias que los judíos usaban en las Sinagogas, no es de extrañar que los jefes de las Iglesias tomaran a veces los mismos vocablos que eran de uso bastante común, cuando esto en nada se oponía a la fe ni al dogma.

Entre los griegos y egipcios no se daba potestad al pueblo ni se le despedía hasta no haber terminado los ritos sagrados. (19) Plutarco mismo afirma que en su tiempo se veneraban los dioses, *peractis votis,* hasta que se llegaba al fin de los ritos y entonces era, cuando se disgregaba la multitud. (20) Aún se confirma más la significación de despedida, aunque no se refiriera expresamente al acto de la Misa. En las reglas de S. Benito se significaba por esta voz el fin de las horas canónicas. (21). Otra accepción envolvía la intromisión de los grupos de los principales Salmos en los nocturnos de maitines, (22) y llegó hasta tomarse en el sentido de lección. (23) No faltó quien dejándose llevar de la fantasía, definió *Missa quasi transmissio,* suponiendo que el pueblo fiel por manos del sacerdote, enviaba sus preces, súplicas y votos al Altísimo, el mismo verdadero sacrificio, la Hostia, Cristo, enviado primero del Padre a nosotros por medio de la

---

(14) Tertulianus advers. Marcionem, lib. 4, cap 18; S. Cyprian. De bono patien. cap. VI; Bona, op. cit., cap. I, n. 4
(15) Benedicto XIV, op. cit., I, 110; Sacrament. Leoniano y Gelasiano, sect. VIII, p. 20; lib. I, n. LXIII, p. 107
(16) MPL., XXXVIII, 324.
(17) MPL., LIX, 199-200.
(18) MPL., LXXXII, 252.
(19) Covarruvias, op. cit., p. 377.
(20) Covarruvias, 1. c.
(21) Butler Cuthbertus, Sancti Benedicti Regula Monachorum, p. 68-71-106.
(22) Ferotin, Le Liber Moz Sacram., p XXXVIII, LVI, c. 755.
(23) MPL., LXVII, 1102

Encarnación, después de nosotros al Padre como Intercesor por la Pasión, del Padre a nosotros por el Sacramento y de nosotros al Padre por la oblación. (24) Entre los que más influyeron a desfigurar la etimología del vocablo en cuestión, descuella en primer lugar Pedro Lombardo, cuando se imaginó que Missa era, oratio aut hostia ad Deum per angelum, seguido por otros muchos, entre ellos por S. Tomás. (25) De la misma incomprensión e ininteligencia se valían los luteranos para aducir argumentos en contra del sacrificio; entre los seudo-reformadores, principalmente Kemnicio, que dijo multitud de blasfemias contra tan augusto sacrificio; más a pesar de las diatribas y dardos dirigidos contra la Iglesia, ésta siempre ha considerado como la oblación más grande que ha salido de la Misericordiosa mano de Dios Encarnado; la misa que desde remotísimos tiempos viene significando el acto más santo con que adoramos a Dios. Todo vocablo por convenio humano envuelve su propia significación y la palabra *Missa* incluye en sí su propia y peculiar significación también amada en los tiempos pasados, venerada en los presentes y de consuelo en el porvenir que traernos a la memoria el acto con que coronó su obra Cristo Redentor.

---

(24) Hugo Victor. De Sacrament., part 8; Rosset, op. cit., p. 482.
(25) S. Tom., p. 3, q. 83, a. 4, ad 9.

SEGUNDA PARTE

CAPITULO I

ASPECTO CANONICO DE LA CUESTION

Atendiendo a la constitución de la Iglesia católica, a la voluntad de su fundador, a la necesidad de sus miembros y al mandato y voluntad expresa de Cristo, se ve con admiración de católicos y no católicos la ayuda constante que se prestan todos los que regenerados con las aguas del bautismo, forman el cuerpo místico, cuya cabeza es Jesucristo. Atendiendo a la naturaleza del sacerdocio, al deber y obligación del oficio pastoral, muchos son los motivos que imponen al sacerdote la obligación santa de aplicar el sacrificio de la misa. El orden sacerdotal, la aceptación de un oficio al cual va anejo el cuidado de las almas y la admisión del estipendio son causas más que suficientes, para impulsar al representante de Cristo en la tierra a complementar la redención del Crucificado. (1)

El canon 805 impone a los sacerdotes la obligación de celebrar varias veces al año y exige del Ordinario y del Superior religioso exquisito cuidado, para que al menos sus súbditos no omitan la celebración de la misa en los Domingos y fiestas de precepto. (2) Esta doctrina contenida en el canon mencionado era recordada a los sacerdotes por el Concilio Tridentino, cuando hablando de los mismos decía: "Curet Episcopus, ut ii saltem diebus dominicis et festis solemnibus, si autem curam habuerint animarum, tam frecuenter, ut suo muneri satisfaciant, Missas celebrent." (3) En ambas citas se pide al Ordinario suma vigilancia sobre sus sacerdotes, para que cumplan fielmente con el deber que les impone el oficio pastoral. Los sacramentos están destinados solamente para el uso de los fieles; el sacrificio de la misa para honor de Dios y para reportar un gran bien en favor de la humanidad; de aquí que se obligue a administrar los sacramentos a aquellos que han recibido el cuidado de las almas y a ofrecer el sacrificio a todos los que han recibido el sacerdocio, mientras dichos sacerdotes, aunque débiles e imperfectos por su naturaleza,

---

(1) Durieux, De Eucharist., p. 43.
autem Episcopus vel Superior religiosus ut iidem saltem singulis diebus dominicis aliisque festis de precepto divinis operentur.
(2) Sacerdotes omnes obligatione tenentur Sacrum litandi pluries per annum; curet
(3) Conc. Trid., Sess. XXIII, De refor., cap. 14

no se hayan hecho indignos de ofrecer tan augusto sacrificio, ya que el deber de ofrecer el sacrificio, no es privado sino público y el ofrecimiento aprovecha no sólo al oferente, sino a toda la Iglesia; exigiendo todo ésto la propia santificación del sacerdote, porque siendo cooperadores del Señor, es justo que no reciban en vano la gracia de Dios. (4) Viniendo más al detalle, considerando la obligación del sacerdote por las funciones que debe desempeñar, mirando al beneficio de que goza, comprendiendo lo que entiende el Derecho por el Divino oficio, (5) la Iglesia ha reclamado de sus ministros no sólo la celebración del sacrificio, sino también la aplicación, exigiendo esto del sacerdote no por un mero acto de caridad, sino ex justitia. En los primeros tiempos del cristianismo los bienhechores de las iglesias, cuando ofrecían parte de sus bienes a las mismas, no exigían la aplicación del sacrificio por ellos mismos, ni existía pacto alguno por el cual los sacerdotes se vieran a ello obligados, sino que declaraban que su voluntad al ofrecer sus bienes a Dios de ese modo, era solamente por la remisión de sus pecados: Profecto non solum prioribus Ecclesiae soeculis, verum etiam temporibus haud longe a nostra aetate remotis, servabatur olim in singulis ecclesiis series accurata omnium et singulorum, quorum liberalitate unaquaeque aucta fuerat, eorumque nomina Sacris Diptycis, sic enim vocabantur, ideo consignata erant, ut eorum recordatio nunquam interiret, utque pro iis tum preces funderentur, tum etiam Missae sacrificium offerretur; quam ob causam etiam praedictus catalogus in plerisque ecclesiis ob oculos presbyteri celebrantis apponi consuevit; licet iidem pii benefactores in suis donationibus nihil penitus pro se pacti essent, sed tantummodo pro peccatorum suorum remissione se bona sua Deo offerre declarassent. At idcirco deserere fas est usum et disciplinam orandi pro iis, et sacrificium pro illis offerendi. (6) Nunca han faltado en los veinte siglos que lleva la Iglesia de existencia hombres llenos de fe y de buena voluntad que espontáneamente han entregado en todo o en parte sus bienes para el servicio y culto debido a Dios, y la Iglesia, agradecida a tales favores, ha correspondido, aplicando por ellos el sacrificio de la misa. Desde remotísimos tiempos parece que trae su origen el precepto de aplicar la misa conventual por los bienhechores en general: Atque inde praeceptum applicandi Missam Conventualem pro benefactoribus in genere, originem atque rationem desumit. (7) Benedicto XIV, hablando sobre el mismo asunto, insiste en que se ponga en práctica lo mandado sobre la misa conventual: Indeque gradum facientes ad ea quae pertinent ad Missam Conventualem, neminem Vestrum latere putamus Sacrorum canonum sanctiones, quibus praecipitur, ut singulis diebus in ecclesiis Patriarcalibus, Metropolitanis,

(4) S. Pab. II Cor., VI, 1.
(5) Can. 413, §2.
(6) Benedicto XIV, ep. encyl. Cum semper oblatas, 191744, Fontes, n. 345, §14.
(7) Fontes, loc. cit.,

Catedralibus, et Collegiatis Missa Conventualis celebretur... eaque de re perspicue pariter et per omnia uniformes existunt resolutiones ab hac Congregatione Vener. Fratrum Nostrorum Concilii Tridentini Interpretum repetitis vicibus emanatae, quas omnes Apostolica Auctoritate Nostra confirmamus et approbamus, earum executionem Vobis enixe inculcantes: ut scilicet Missa Conventualis, quae singulis diebus canitur a Clero praedictarum ecclesiarum, pro earumdem benefactoribus in genere quotidie applicetur. (8) Esta costumbre que es inmemorial y que ha venido practicándose en todos los tiempos del cristianismo, devolviendo con creces los favores recibidos ha sido gravada en el Código, cuando dice que la misa conventual debe ser aplicada por los bienhechores en general. (9) El sacerdote, aplicando la misa conventual por los bienhechores en general, recibe una limosna, sacada bien del cúmulo de distribuciones o bien de la renta de todas las prebendas por reparto entre todas ellas. (10) Esta costumbre, puede ntroducirse, en donde no exista tal práctica. (11) Cuando el capitular a quien por turno le toca celebrar y aplicar la misa conventual, no pueda hacerlo, por hallarse enfermo, otro capitular que en la celebıación y aplicación del sacrificio le supla, no ha de recibir de aquél limosna alguna, a no ser que lo prescriban los estatutos capitulares o la costumbre. (12)

El soberano Pontífice puede imponer a todos los sacerdotes la carga de celebrar y aplicar la misa; el Obispo puede hacer lo mismo entre su clero diocesano; pero esto debe de hacerse rara vez y con suma prudencia, regulando debidamente lo concerniente a la aplicación del sacrificio; los superiores religiosos o regulares pueden mandar a sus súbditos, si la regla o estatutos no dicen lo contrario, celebrar según la intención de los mismos o según lo determinado y establecido por las reglas. (13) Cuando se impone a los sacerdotes dicha obligación, para que éstos no se vean privados de alguna entrada que les es necesaria, la práctica ordinaria y común de la Iglesia es la de prescribir la celebración solamente, dejándoles en libertad en cuanto a la aplicación del sacrificio. (14) Sea por mandato o por regla, sea por justicia o promesa o por devoción y fe, por deseo de aprovechar en la vida espiritual, el pueblo y su sacerdote, el pastor y sus ovejas van en busca del alimento eucarístico que se nos proporciona por la misa; en ella el sacerdote es el vicario, que como legado e intercesor de toda la Iglesia católica, inmola la Hostia incruenta por el Papa, por los obispos y por todos los fieles, como también por los difuntos. Aunque es cierto que el sacerdote no está obligado a celebrar diariamente *vi ordinis* por alguna ley divina o humana, es

(8) Fontes, n. cit., §11.
(9) Can. 417, 1.
(10) Can. cit., § 3.
(11) Ferreres, Institut. Canonicae, I, 258.
(12) Can cit., §2.
(13) S. C. de Religio., (Mayo 3 1914) AAS., VI 231.
(14) Lehmk. De Ss. Eucharistia, II, 165, n. 282

sin embargo justo que se acerque al altar todos los días para ofrecer el sacrificio, como lo prueba la práctica de muchos siglos, la tradición y autoridad de los santos Padres, y el modo de obrar de los buenos sacerdotes que han dado ejemplos de palabra y de obra: Sacerdos non legitime impeditus celebrare omittens, quantum in eo est, privat SS. Trinitatem laude et gloria, angelos laetitia, peccatores venia, justos subsidio, et gratia, in Purgatorio existentes venia, ecclesiam speciali Christi beneficio, et seipsum medicina ac remedio. (15) Por precepto ecclesiástico se hallan obligados los párrocos y otros sacerdotes por el oficio a la celebración de la misa, a lo menos en los Domingos y días festivos para que el pueblo sujeto a ellos tenga ocasión de oír misa y cumplir con el precepto de la Iglesia. (16) Se hallan también obligados los capellanes por razón de la capellanía para que así se cumpla la mente de los fundadores, celebrando tantas veces, cuantas exige la fundación. Si la fundación exigiera una misa diaria se ha de estar a la disposición del fundador, deduciendo de sus palabras, si la obligación recae en la persona que ocupe la capellanía o en el lugar de la misma; si en el lugar, el capellán debe de procurar se celebre en el altar designado; si en la persona, ésta se ve obligada, mientras pueda y su salud lo permita, a celebrar según el mandato del fundador. (17) Ya he dicho que no está obligado ningún sacerdote por razón del orden a celebrar diariamente, por no hallarse expreso en ningún Derecho; (18) pero se ha de decir que algún sacerdote por razón del orden y de su oficio sacerdotal está en la obligación de ofrecer el sacrificio algunas veces. (19) En la razón de que dá Sto. Tomás, para probar su modo de sentir, dice: quia unusquisque tenetur uti gratia sibi data, cum fuerit opportunum secundum illud, refiriéndose a las palabras de S. Pablo a los Corintios, hortamur ne in vacuum gratiam Dei recipiatis, oportunitas autem sacrificii offerendi non solum attenditur per comparationem ad fideles Christi, quibus oportet sacramenta ministrari, sed principaliter per comparationem ad Deum, cui consecratione hujus sacramenti sacrificium offertur: unde sacerdoti, etiamsi si non habeat curam animarum, non licet omnino a celebratione cessare. (20) Así como es deseo de la Iglesia que el sacerdote celebre diariamente, es mandato de la misma, que no se multipliquen los sacrificios, hechos por un ministro, excepto en el día de la Natividad del Señor y en el de la conmemoración de todos los fieles difuntos, en los cuales se da fa-

(15) Beda, apud Gabriel. lect. 87, Schmalzgrueber, De Celebrat. Missar., pars V, tit. XLI, n. 36.
(16) Navarr. Man., c. 25, n. 135; Suarez, D. 89, sect. I; Conc. Trid. Sess. XXIII, De Refor., cap.. XIV
(17) Navarr. Man., c. 25, n. 135; Sylv. V, I, q. 7.
(18) Bonav., in 4, dist. 12, part 2, a. 2; Cajetanus, in 3 part. q. 83, art 1.
(19) Navarr. Man., cap. 25, n. 88. S. Tom. in 3, part. qu. 82, art. 10; Conc. Trid. Sess. XXII, De Sacrificio Missae, cap. I, en donde hablando de Cristo que ordenó a los apóstoles sacerdotes, dijo a los mismos: et eisdem, eorumque in sacerdotio successoribus, ut offerrent praecepit per haec verba: hoc facite in meam commemorationem, uti semper Ecclesia catholica intellexit, et docuit.
(20) S. Tom., loc. cit.

cultad para celebrar y repetir el sacrificio en dichos días por tres veces; para repetir el sacrificio fuera de estos días se necesita indulto apostólico o potestad dada por el Ordinario del lugar. (21) Aun cuando en el misal se hallan las misas que se han de decir el día de la Natividad del Señor y el día de la conmemoración de todos los fieles difuntos, se da sin embargo facultad al sacerdote que por justa causa por indulto apostólico celebra diariamente la misa votiva de la Virgen u otra votiva, como también la misa cotidiana de difuntos, para que repita por tres veces la misma misa, (22) aplicándolas según lo ordenado en el Derecho. A juicio del Ordinario está el permitir la binación, cuando una parte notable de fieles no puede asistir a la misa en día de precepto por la escasez de sacerdotes. (23) Sin entrar a explicar las palabras del canon detalladamente, por no tratar directamente de él, solo diré que no se ha de dudar que compete al Ordinario del lugar esta potestad y él la ha de regular según le dicte su juicio y prudencia. (24) Queda absolutamente prohibido recibir estipendio alguno por la aplicación que se hace de esta segunda misa; a veces a la prudencia del Ordinario se deja también el permitir alguna remuneración, por el incómodo que lleva consigo la binación, pero se excluye totalmente toda limosna que se diera por la aplicación tal. (25) Dado caso que por privilegio se permitiera tomar algún estipendio por la aplicación de esta segunda misa, con la obligación de entregarlo al Seminario o a otra causa pía, le es permitido al sacerdote quedarse con el exceso, si le consta con certeza que éste se le añadió por causa del trabajo extrínseco. (26) Es tal la voluntad de la Iglesia que procura se haga el mejor uso posible del sacrificio de la misa y manda a sus sacerdotes que una vez que se han obligado a aplicar el sacrificio por causa de haber, por ejemplo, recibido el estipendio, tienen la obligación de aplicar la misa por los compromisos contraídos; aunque se pierda el estipendio sin culpa alguna del sacerdote; éste está en la obligación de aplicar el sacrificio por la obligación de justicia, que nació por el mero hecho de haber aceptado el estipendio, y el compromiso de ningún modo se muda por la pérdida de la limosna; *res perit domino, stipendium autem transivit in dominium sacerdotis.* (27).

La Iglesia al pretender de sus ministros la celebración del sacrificio de la misa, no ha señalado a cierto número de sacerdotes so-

(21) Can. 806, §1.
(22) SRC, 26 Jan. 1920. (AAS., 1920, 122.) In die Nativitatis Domini et Commemorationis omnium fidelium defunctorum tres missae si celebrantur, legendae sunt quales in missali notantur. Sacerdos vero qui ob justam causam ex Apostolicae Sedis indulto quotidie missam Deiparae Votivam aut aliam votivam celebrat, potest die Nativitatis eamdem prorsus missam ter dicere; similiter ille cui eodem modo Missam quotidianam defunctorum dicere permittitur, Commemorationem omnium fidelium defunctorum Missam defunctorum quotidianam ter repertere potest.
(23) Can. 806, § 2.
(24) S. C. de Prop. Fide, n.13-17; ASS., VI, 564; Coll. Prop. Fide, n. 792
(25) Aertnys, op. cit., II, 144; Ferreres, Theolog. Mor., II, 285.
(26) Ferreres, Misas Manuales, n. 186; 127
(27) AAS., XIII, (1921) 511.

lamente para que celebren y apliquen la misa por ést e o por el otro fín, sino que exhorta a todos los sacerdotes que hagan digna aplicación del sacrificio, señalando ella misma quiénes son los sujetos capaces de recibir tal aplicación.

En el título III, capítulo I, De Sacrosancto Missae Sacrificio, del Código de Leyes por el que se rige y gobierna la Iglesia latina, se halla el canon 809 que anotado, dice así:

Integrum est Missam applicare pro quibusvis tum vivis, tum etiam defunctis purgatorio igne admissa expiantibus, salvo praescripto can. 2262, § 2, *n.* 2.

La referencia al can. 2262, 2, n. 2, se narra en estos términos: *Non prohibentur tamen: Sacerdotes Missam privatim ac remoto scandalo pro eo applicare; sed, si sit vitandus, pro ejus conversione tantum.* Este canon trata sobre el excomulgado, el cual se ve privado de las indulgencias, sufragios y preces públicas de la Iglesia, con las excepciones que contiene en el § 2. Más tarde al tocar este punto, probaré qué conducta debe de seguir el sacerdote con relación a lo dispuesto por la ley.

Antes de entrar de lleno en el canon primeramente enunciado, creo que es conveniente y hasta necesario dar a conocer algunas prenociones que aclaren el asunto.

Hay, según S. Alfonso, marcada oposición entre aplicar privadamente la misa y celebrar privadamente por alguna intención determinada; celebra el sacerdote privadamente por alguno, cuando ofrece la misa por él, meramente como una buena obra privada, no como ministro de la Iglesia o como ministro del Señor; aplica privadamente por alguno la misa, aquel que evita todo el escándalo, omitiendo la pública manifestación de la intención por la cual celebra, no pronunciando el nombre de la persona por quien aplica el sacrificio en la oración del mismo, celebrando, como ministro de Dios y de la Iglesia. (28) Esta sentencia es rotundamente negada por Cappello y él, hablando sobre el asunto, se explica del modo siguiente: afirmar que el sacerdote cuando celebra, no ofrece el sacrificio de la misa como ministro de Cristo, de ningún modo puede sostenerse, así como también que el mismo sacrificio es hecho en nombre propio y no en nombre de la Iglesia, debe de ser rechazado. (29) Muchos son de opinión que cuando el sacerdote celebra privadamente la misa, no tiene ello otra significación que aplicar ocultamente o quasi secreto, separada toda pompa o solemnidad externa, en oposición a la celebrada públicamente, exigiendo dicha pompa o solemnidad exterior; esta sentencia es admitida por Cappello, no sólo como más probable, sino como cierta, atendida la prescripción del canon en cuestión. Tratándose de un asunto sobre el cual la ley canónica manda o modera,

(28) Lehmk. op. cit., II, 140-41; S. Alfons. n. 308.
(29) Capello, De Sacramentis, I, 496-97

dicho se está que el asunto se debe de referir al foro externo, pues, la Iglesia no manda ni probabilísimamente puede mandar actos meramente internos; si el sacerdote ofrece el sacrificio en nombre propio y no en nombre de la Iglesia, dicho acto pertenece al fuero interno en el cual no se entromete la Iglesia; luego la salvedad que contiene el canon 809 supone a mí modo de ver una prohibición estricta por la que el sacerdote, que es siempre el único y solo oferente ministerial, no mero instrumento o ejecutor, (30) ofrece el sacrificio y por un acto de su voluntad, movido por un fin determinado, aplica el fruto especial, no habiendo óbice alguno, (31) no ha de aplicar el sacrificio públicamente por el excomulgado tolerado, aunque sí privadamente, más nunca ni pública ni privadamente por el excomulgado vitando, solamente por su conversión, a lo menos cumpliendo una función pública, como es la misa, en nombre de la Iglesia. Algunos afirman que no es lícito al sacerdote orar en la oblación del sacrificio; por ejemplo en el Memento, orar privadamente por los excomulgados vitandos; (32) otros admiten lo contrario. (33) Atendiendo a lo anteriormente dicho, el sacerdote celebra como persona pública y como ministro de la Iglesia, y ofreciendo el sacrificio usa las oraciones prescriptas por la misma Iglesia, no habiendo por lo tanto lugar a oraciones privadas, de aquí que se vea el sacerdote imposibilitado a aplicar la misa por fines contrarios a la Iglesia, habiendo ella claramente ordenado y regulado la intención con que deben de decirse. El sacerdote, como persona privada, puede aplicar a cada uno de los vivos o difuntos capaces el fruto de impetración, propiciación y satisfacción que percibe del sacrificio ex opere operantis; esto no lo prohibe ningún derecho. (34) Por lo ligada que se halla esta cuestión con lo relativo a los estipendios, aun cuando no se trate de ellos en la presente disertación, no estará demás conocer la respuesta que la S. Sede dió a la pregunta propuesta: ¿Se puede celebrar por todos los que den estipendio? Separado el escándalo y toda superstición se puede admitir el estipendio de todos aquellos que son hábiles y por quienes se puede celebrar y decir la misa. (35)

Viniendo ahora al análisis del canon, se ha de tener por regla general que la misa puede ser aplicada por todos los viadores y por los que se hallan expiando sus pecados en el Purgatorio: ésta es la primera parte dispositiva del canon; la segunda parte contiene una excepción con respecto a las personas excomulgadas a las que hace referencia, incluyendo en él el can. n. 2, del § 2 del can. 2262, que

(30) Capello, op. cit., I, 442.
(31) Gasparri, De Ss. Eucharis., p. 329
(32) Avila, De Censuris, cap. 6, disput 9, dub. 5; Medina, Summ. cap. II, 1.
(33) S. Tom. in 4. dist. 18, qu. 2, art. I, ad let 2; Covarruv. in cap. Alma Mater, part. I, § 6, n. 4, concl. 7; Tabiena, verbo Excommunicatio, I, n. 4; Angelus, verbo Missa, n. 51; Navarr. Manual, cap. 27, n. 36, dict. 12; Majol. De Irregul. lib 3, cap. 25, n. 3; Ugolin, De Censuris, ta. 2, cap. 9; Hurtado, De Censuris, dispt. 3, De Excomunicatione, difficult. 6. Suarez, De Eucharist. disput. 78, sect 2, Dico 4.
(34) Genicot, Institut. Theolog. Mor. II, 194,, n. 221.
(35) Nouvelle Revue Theologique, Les fruits du sacrifice et le stipendium d'apres un livre recent, p. 522.

trata precisamente de aquellas personas que no se hallan en comunicación con el resto de la Iglesia, mereciendo por su conducta ser arrojadas de su seno; no se prohibe, pues, celebrar misas privadamente, mientras se evite todo el escándalo, pero si el excomulgado es vitando, la misa se dice solamente por su conversión; por lo tanto con la excepción de los habitantes del cielo, de los condenados y de todos los que se hallan separados para siempre de la infinita bondad de Dios, todos pueden alcanzar algún fruto del sacrificio de la misa. El sacerdote es libre en la aplicación del sacrificio, pero debe de observar fielmente la prescripción que impone el canon, excluyéndose cualquiera otra intención que el excomulgado Vitando ose pedir. (36) La Iglesia impregnada del celo que Cristo la infundió ha dilatado y extendido su campo y hoy día se encuentra en todas las partes del orbe a donde ha enviado sus ministros para predicar la doctrina del Evangelio a cristianos y gentiles, a creyentes y paganos, para extender así aún más el reinado de Cristo y para llevar a las conciencias de todos los verdaderos misterios obrados por su divino fundador aquí en la tierra. Los cristianos de hoy como los de ayer siguen la senda veinte veces secular en la cual encuentran la oferta más valiosa que les ofrece la Iglesia, la santa misa, la que sirve de provecho para todos como lo enseña el Con. Tridentino: "Et quoniam in divino hoc sacrificio, quod in missa peragitur, idem ille Christus continetur, et incruente inmolatur, qui in ara crucis semel se ipsum cruente obtulit; docet sancta Synodus, sacrificium istud vere propitiatorium esse, per ipsumque fieri, ut si cum vero corde, et recta fide, cum metu et reverentia, contriti, ac poenitens ad Deum accedamus, misericordiam consequamur, et gratiam inveniamus in auxilio oportuno. Hujus quippe oblatione placatus Dominus gratiam, et donum paenitentiae concedens, crimina, et peccata, etiam ingentia, dimittit; una enim eademque est hostia, idem nunc offerens sacerdotum ministerio, qui se ipsum tunc in cruce obtulit, sola offerendi ratione diversa. Cujus quidem oblationis, cruentae, inquam, fructus per hanc incruentam uberrime percipiuntur: tantum abest, ut illi per hanc quovis modo derogetur. Quare non solum pro fidelium vivorum peccatis, poenis, satisfactionibus, et aliis necessitatibus, sed pro defunctis in Christo, nondum ad plenum purgatis, rite, juxta apostolorum traditionem, offertur. (37) La misa en cuanto a lo esencial no ha cambiado en nada, desde los apóstoles hasta nuestros días; en cuanto a las ceremonias, oraciones y ritos ha variado, pues, pertenece al poder legislativo de la Iglesia esto último. El sacrificio de la misa es el sacrificio eucarístico; por el sacrificio de la misa se indica o se significa las ceremonias y ritos sagrados, según los cuales se ofrece el sacrificio eucarístico por precepto de la Iglesia. Todas las oraciones o casi todas están tomadas de la sagrada escritura. Así, después de la invo-

(36) Woywod, The New Canon Law, p. 161.
(37) Conc. Trid. Sess. XXII, DeSacrif. Missae, cap. II.

cación de la SS. Trinidad se empieza con el salmo Judica me Deus, salmo cincuenta. El introito, por regla general se forma de algún versículo de algún salmo de la misma Escritura; los Kiries de los evangelistas. (38) El Gloria in excelsis; el Dominus vobiscum; (39) la epístola y el evangelio que se leían en los primeros tiempos también; los judíos en sus sinagogas leían a Moisés y a los profetas; (40) El Sanctus en Isaías; la consagración con el Pater noster en S. Mateo; el Agnus Dei en S. Juan; y el último evangelio tomado del mismo apóstol. (41) Con estas oraciones y algunas otras se dirige el sacerdote a Dios, para que derrame sus gracias y muestre su misericordia sobre los hijos de la Iglesia.

La misa ha recibido diferentes nombres. Se la llama conventual por razón del beneficio. Todos los Capítulos, patriarcales, metropolitanos, catedrales y callegiatas deben cotidianamente aplicar la misa conventual por los bienhechores en general. (42) Para que el capítulo se vea eximido de la carga de celebrar la misa conventual necesita indulto apostólico; a veces por la pobreza la Santa Sede concede que la misa conventual sea dicha y aplicada solamente en los días de fiesta; pero eximirse el cabildo por completo de ella, ni la S. Sede suele dispensar. (43) En cierta ocasión el obispo de la Diócesis (N) en el curso del siglo quince considerando que eran muchas las capellanías instituídas en una misma Iglesia y que eran insuficientes y exiguas, de consentimiento con el Capítulo y con los capellanes hizo cierta acumulación y supresión de capellanías, para que, como dice el escrito y exposición de lo hecho: omnes capellani praedicti singulis feriatis et festivis infra hebdomadam occurrentibus unam et sanctam recitare, Dominicis vero diebus... ad decem missas recitare tenerentur, ita quod singulis festivis et feriatis septem perpetuo et dominicis diebus... decem missae per eosdem cappellanos in eadem ecclesia celebrarentur, deputarenturque per eos quatuor ex eis, qui missas hujusmodi infra hebdomadam decantare deberent, adstringerenturque etiam diebus Dominicis praedictis de diacono et subdiacono, qui in dicta ecclesia decantandae missae deserviant providere... et insuper quod omnes cappellani in civitate (N) pro tempore praesentes, legitimo cessante impedimento, dominicis et festivis, aliis vero non festivis diebus media pars eorum etiam sic praesentium et non impeditorum horis canonicis et divinis officiis inpraedicta ecclesia interesse tenerentur..." Para que quedara de un modo fijo y estable tanto el obispo como el capítulo y capellanes acudieron a la Sede Apostólica y obtuvieron la confirmación por Letras en forma de Breve el año 1498. Después hubo un ininterrumpido silencio hasta el año 1723 en

(38) Mat., XX, 30; Luc., XVII, 13.
(39) Luc., II, 13-14; Ruth., I, 28.
(40) Hechos de los apost., XIII, 15.
(41) VI, 3; XXVI, 26-27-28; VI, 9-13; I,29; I, 14.
(42) Cc. 413, 417.
(43) Capello, op. cit., I, 564

que el Promotor fiscal de la Curia expuso a la S. C. lo siguiente: diebus missam conventualem a canonicis celebrari duobus adsistentibus beneficiariis, quin tamen ea applicaretur pro fundatoribus et benefactoribus; diebus autem ferialibus missam conventualem celebrari ab uno ex benefiatis absque ulla adsitentia; eademque neque pro fundatoribus applicari. Apoyado en lo expuesto pidió, se resolviera: an Canonici ecclesiae cathedralis et parochialis, (Dioecesis N) sub poena suspensionis a divinis ipso facto incurrenda debeant applicare missam conventualem pro benefactoribus diebus festivis et cappellani diebus feriatis ut fuit ab hac S. C. resolutum in Fulginatensi 17 Dec. 1718 et illas adnotare in libro retinendo pro adimplemento dictarum missarum in casu. La S. C. del Concilio respondió en sentido afirmativo. Este decreto fué notificado e intimado judicialmente por el Obispo al capítulo y beneficiados para la fiel observancia del mismo bajo pena de suspensión en la cual se incurría ipso facto. Notificada esta resolución al capítulo y beneficiados se exarcebaron y la recibieron con mal ánimo; se dice que los beneficiados protestaron en la curia episcopal y que acudieron a la misma S. C. C.; pero lo que es cierto, es que el obispo tuvo que disponer el modo de obrar las dignidades y canónigos: ut singulae dignitates et canonici applicare debeant Missam conventualem pro benefactoribus et fundatoribus et missam parochialem pro populo omnibus diebus Dominicis et festivis, et beneficiati eamdem applicare debeant singulis diebus feriatis ut supra pro benefactoribus et fundatoribus sub poena suspensionis incurrendae ipso facto. Entonces, al parecer, los beneficiados se tranquilizaron, y el celebrante recibía una limosna, la que no satisfizo a los mismos, puesto que de vez en cuando se removía de nuevo la cuestión, hasta que por fin el año 1868 se llevó a la susodicha Congregación para que de una vez quedara resuelto para saber a qué atenerse. Después de expuesta la cuestión a esta duda: an et a quibus celebranda et applicanda sit missa conventualis in casu, la S. C. C. dió la siguiente respuesta: Affirmative per beneficiatos. (44) Como deducciones del caso expuesto se pueden deducir los siguientes puntos:

1. Que la misa conventual que tuvo origen desde remotísimos tiempos se ha de celebrar en las Iglesias Catedrales y Colegiatas.

2. Que esta carga recae in solidum sobre todos los que están obligados al cumplimiento de los divinos oficios en las mencionadas iglesias.

3. Que la distribución de este oficio pende de las leyes de fundación, y de la costumbre que en este asunto es de gran importancia.

Con respecto a la misa conventual se han deducido otras cuestiones semejantes. Las anotaré, para que sirvan de alguna ilustración.

1. Non sustineri conventionem, non inde facta respectiva permutatione eleemosynarum.

---

(44) ASS., IV, 531-36.

2. Neque sustineri eamdem conventionem quamvis aliquid interveniat, quod aequivalere videatur aequae eleemosynarum permutationi. Utrumque enim pactum, quod perpetuo ad instar foris servandum, speciem saltem quamdam natura sua redolet vel lucri captandi, vel temporalis utilitatis pretio aestimabilis.

3. Quin imo neque sutinendum esse perfectam applicationis et elemosynarum permutationem· quae perpetuam obligationem inducat, si onera celebrationum realia et fixa permutandam conveniant paciscentes cum oneribus celebrationum personalibus et adventitiis.

4. Haec enim permutatio, si ex alia ratione non improbaretur, esset saltem vel ab ordine absona qui per obligationem quaeritur, esset saltem vel ab ordine absona qui per obligationem quaeritur inducendus, vel ordinem induceret alicui violationi facile obnoxium.

5. Quare consuetudo ejusmodi conventione cohaerens, etsi centenaria, non esset rationabilis reputanda; proindeque destituta esset robore firmitatis.

6. Colliges insuper missam conventualem praecipuum obtinere locum inter munera choralia.

7. Ad eam celebrandam canedamque teneri qui reliquiis choralibus officiis ratione choralis beneficii sunt adicti, sua quisque vice juxta singulares consuetudines et pecularia statuta.

8. Sejungi non posse celebrationem missae conventualis ab applicatione ejusdem pro benefactoribus in genere, quae applicatio ex vetusto ecclesiastico more primo est repetenda.

9. Quare sicut celebratio ita et aplicatio est onus reale choralibus beneficiis inhaerens, proindeque neque canonicus celebrans neque beneficiatus exigere absolute potest retributionem titulo elemosynae pro ejusmodi celebrationibus.

10. Convenire aequitate suadente, ut qui missam conventualem canit retributionem peculiarem habeat, quae licet missae eleemosyna appellari solet, est tamen potius para quaedam distributionum quae officiis choralibus sunt assignatae.

11. Ex quibus pariter consequitur collegia distincta quae ad unum chorale corpus pertinent ex suis distinctis reditibus momoratam distributionem decerpere regulariter debere, vel ex communibus, si distincti non sint distributionum redditus servata quantitate ex consuetudine, vel ex peculiare lege constituta. (45)

Por lo expuesto claramente se vé cómo la Iglesia ha mirado siempre la misa conventual; siendo siempre su voluntad ofrecerla y aplicarla por los bienhechores en general, obligando a los sacerdotes que tienen que satisfacer con dicha carga; obligación que lejos de revocar, ha confirmado una vez más en el Código.

La misa se llama también manual o misas manuales como comunmente se las denomina a aquellas que encargan los fieles, dando

(45) ASS., II, 194-204.

la debida limosna o acostumbrado estipendio, ya sea dada dicha limosna a la mano del sacerdote, ya que provenga de la obligación perpetua hecha por el testador a los herederos, mientras la naturaleza de la entrega no sea o constituya una fundación. En el decreto Ut debita n. 1. se lee: Declarat in primis Sacra Congregatio manuales missas praesente decreto intelligi et haberi eas omnes, quas fideles oblata manuali stip celebrari postulant cuilibet vel quomodocumque, sive brevi manu, sive in testamentis, hanc stipem tradant, dummodo perpetuam fundationem non constituant, vel talem ac tam diuturnam ut tanquam perpetua haberi debeat. Es necesario que la obligación fuere impuesta por el testador a los herederos propiamnte dichos o legatarios, ya sean éstos personas físicas o morales, mientras no haya persona eclesiástica o se trate de alguna fundación; entonces es cuando son las misas manuales. (46) Los estipendios de misas fundadas que no pueden satisfacerse en el propio lugar o por aquellos por quienes debieran ser cumplidos según las tablas de fundación, son equiparados a los manuales, ya que por derecho o por indulto de la S. Sede son entregados a otros sacerdotes para que puedan ser satisfechos. (47) Las misas correspondientes a esos estipendios se llaman *ad instar manualium.* Según el decreto Ut debita n. 2, se consideraban como misas manuales aquellas que gravaban el patrimonio de alguna familia particular a perpetuidad sin estar asignadas a alguna iglesia fija, las que podían ser entregadas a cualquier sacerdote, para que fueran dichas en cualquier lugar. Pariter inter manuales missas accenseri illas quae privatae alicujus familiae patrimonium gravant quidem in perpetuum, sed in nulla ecclesia sunt constitutae, quibus nisi ubivis a quibuslivet sacerdotibus, arbitrio patris familias, satisfieri potest. Para que las cargas manuales que proceden de las misas manuales y que provienen de haber recibido el estipendio según he dicho, sean cumplidas y para que se evite todo comercio en lo que se refiere a los estipendios, se dieron muchos dcretos y el Código Canónico lo ha dejado perfectamente regulado en sus cánones. En el libro III, De Rebus, Art. IV, De Missarum eleemosynis seù stipendiis, se contiene la regulación de las cargas antedichas. Este asunto de misas manuales ya ha idò tratado, correspondiéndome a mí solamente decir que todas las misas manuales o quasi-manuales exigen su aplicación, por el convenio que existe entre el donante y el que recibe el estipendio o donación con objeto de cumplir la voluntad del que dió la limosna para dicho fin.

Hay estipendios que provienen de los réditos de fundaciones y se llaman *stipendia fundata,* y las misas correspondientes a ellos *Missae fundatae.* (48) Se trata, pues, de *Pias fundaciones,* y llámanse pias fundaciones los bienes temporales dados en cualquier forma a una

(46) Capello, op. cit., I, 542-43
(47) Can. 826, § 2
(48) Can. cit., § 3.

persona moral en la Iglesia, con la carga perpetua o para largo tiempo de que con las rentas anuales se digan algunas misas, se celebren algunas otras funciones eclesiásticas o se hagan algunas obras de piedad o caridad. (49) La naturaleza de la fundación legítimamente aceptada tiene el carácter de contrato bilateral, o como dice el mismo Derecho sinalagmático: do ut facias, (50) obligando a las dos partes por justicia conmutativa, siendo uno de los contratos llamados innominados por no tener nombre propio. (51) Estas pias fundaciones deben ser reguladas por las normas dadas por los Ordinarios sobre la cantidad mínima de la dote, de tal modo que no pueda admitirse ninguna fundación con dote inferior; sobre el modo también de distribuir las rentas; y ninguna persona moral puede aceptar pias fundaciones sin el consentimiento del Ordinario del lugar, dado dicho consentimiento por escrito. El Ordinario da su consentimiento, si antes no le consta legítimamente que la persona puede cumplir, no solo con las cargas u obligación nueva, sino también con las antiguas ya tomadas, cuidando principalmente de que los réditos correspondan a las cargas anejas, según la costumbre de cada diócesis. (52) Todas las fundaciones deben de ser consignadas por escrito aún cuando sean hechas de viva voz. (53) Por el tenor del canon se sigue que es válida la fundación que se ha hecho de palabra. (54) Un ejemplar en donde está consignada la escritura de fundación se ha de guardar cuidadosamente en el archivo de la Curia diocesana y otro en el de la persona moral donde está constituída la fundación. (55) En las pias fundaciones deben guardarse las prescripciones de los cánones 1514-1517-1525, teniendo en cada Iglesia un catálogo con todas las cargas que le incumben por causa de las pias fundaciones, guardado por el Rector en lugar seguro; del mismo modo debe tenerse un libro, en donde se anotan las misas manuales que se reciben, su número, intención, limosna y celebración, además de otro que guardará el Rector de la iglesia, en el cual se anotarán todas las cargas, perpetuas y temporales, su cumplimiento y limosna, para dar exacta cuenta de todo ello al Ordinario del lugar. (56) Cuando se trata de Iglesias exentas en donde existen pias fundaciones, los derechos y obligaciones del Ordinario del lugar competen al Superior mayor. (57) Itaque, quamvis, pro missis manualibus, religiosi exempti stare debeant definitionibus Ordinarii loci, cum agitur de exigenda dote fundationis, haec libere definitur ab Ordinario seu Superiore majore religionis exemptae, sive haec sit clericalis, sive laicalis. Dummodo tamen agatur de ecclesia quae vere sit religiosorum, qualis non

(50) Can. cit., § 2.
(51) Ferreres, Theolog. Mor., 582.
(52) Can. 1545; Can 1546, § 1.
(53) Can. 1548, § 1.
(54) Ferreres, Institut. Canoni., II, 202.
(55) Can. 1548, § 2.
(56) Can. 1549, §s 1, 2.
(57) Can. 1550.

est ecclesia soecularis religiosis concredita. (58) El indulto para reducir las misas fundadas no se extiende a otras debidas por contrato, (59) y ésto, porqu el indulto se interpreta estrictamente. (60) El indulto, pues, general de reducir las cargas de las piadosas fundaciones debe extenderse, sino consta de contrario, de que el indultario reduzca más bien las otras cargas que las misas; (16) salta a la vista la razón de ésto, pues, parece lo más lógico pensar que el que hizo la fundación quisiera reservarse lo que era de más provecho para su alma, como son las misas que por fundación aplicadas a su intención, redundarán en provecho de su alma. (62) Cuando se trata de reducir, habiendo en la pia fundación, misas cantadas, para que se guarde siempre el mayor número de misas, se han de reducir las misas cantadas, yendo de este modo en ayuda del alma del fundador. (63)

Hay admás otra misa llamada pro populo, que solo por su nombre se conoce el fin de la misma y por quien se debe de aplicar. Es doctrina de la Iglesia, conservada, si vale decirlo así, aunque no mandada, desde el principio de la era cristiana; pues, es de suponer que los sacerdotes, encargados de cierta porción del rebaño de Cristo, aplicaron el sacrificio algunas veces por aquellos que estaban bajo su custodia, aún antes de estar obligados a ello por mandato expreso. En la aplicación de la misa pro populo se ha puesto mueho cuidado. Ya antes del Código se procuró que esta obligación recayera en el párroco; la aplicación de la misa por el pueblo debía ser hecha por el párroco, aunque celebrara privadamente, no por el vicario, aunque celebrara en presencia del pueblo. La obligación de celebrar y aplicar la misa por el pueblo era personal y real, de tal modo que si el párroco se hallaba legítimamente impedido, no cesaba la obligación y debía ser cumplida por otro. La celebración y aplicación de esta misa estaba unida al beneficio parroquial. El párroco legítimamente ausente podía aplicar la misa en donde se encontraba; el párroco estaba obligado a mirar por el bien de su pueblo, y si omitió de celebrar por este fin, se hallaba en la obligación de celebrar tantas misas, cuantas había omitido, y esto debía hacerlo cuanto antes. El párroco no era excusado de esta obligación, aunque el obispo celebrara en la iglesia parroquial y aplicara la misa por el pueblo así encomendado. La obligación de celebrar la misa y aplicarla por su pueblo le urgía al párroco en los Domingos y días festivos, aún en los días festivos abrogados, y no podía trasferirlos a otros días sin legítima causa. La S. C. C. resolvió que los Rectores de almas estaban obligados a cumplir por sí mismos todas las cargas parroquiales, entre las cuales se consideraba como una de las más principales la ce-

(58) Vermeersch, Epitome I. Canonici, II, 498.
(59) Can. 1551, § 2.
(60) Ferreres, Institut. Can., II, 203.
(61) Can. cit., § 3.
(62) Benedict. XIV, De Synodo, lib 13, c. ult., n. 23.
(63) Many, De Missis, n. 80.

lebración de la misa pro populo y su aplicación por el mismo pueblo. ¡Los Párrocos de ningún modo podían declinar el deber de aplicar la misa por su pueblo, ni por causa de la costumbre, ni por causa de la pobreza, pues, esta obligación era de tal condición que si existe causa alguna o necesidad canónica por la que el párroco no puede aplicar la misa, está obligado a satisfacer esta obligación por otro. (64) No era causa suficiente, para no cumplir con esta obligación el número abundante de misas que por escasez de sacerdotes no podía cumplirse, ni era nueva obligación, sino más bien declaración de la obligación lo contenido en la Encíclica Amantissimi etc. También se determinó quiénes eran los comprendidos bajo el nombre de párrocos, mejor de pastores, los cuales estaban obligados a ofrecer la misa por su pueblo; eran los párrocos que ejercían actualmente el cuidado de las almas, ya lo ejercieran a perpetuidad, ya temporalmente y amovibles a voluntad del Ordinario, ora fueran seculares ora regulares; ninguno de estos podía eximirse de tal obligación, aun cuando hubiera costumbre contraria o inmemorial,, porque los párrocos debían obrar por razón del oficio que desempeñaban. (65) Ahora por el Derecho Canónico bien clara ha quedado también la obligación que tiene los párrocos y pastores de aplicar la misa por aquellos que están bajo su custodia, mandando y ordenando hasta los días en los cuales se debe de cumplir y satisfacer a dicho mandato.

Todos los que recibieron el oficio pastoral, están obligados a ofrecer el sacrificio por su pueblo, siendo esta obligación parte del oficio pastoral; y no hay duda de que es doctrina ciertísima. (66) Cappello, tratando este asunto usa a propósito el verbo aplicare y no celebrare, para indicar que el sacerdote no sólo debe de procurar que se celebre el sacrificio a sus feligreses, sino que debe también aplicar en favor de ellos el fruto ministerial del mismo. (67) Todos los que están obligados y sujetos a esta ley son: el Romano Pontífice, el cual por derecho divino debe decir la misa algunas veces por todos los fieles. (68) Los Cardenales promovidos a una sede suburbicaria, después de tomar canónicamente posesión de la misma; son verdaderos Obispos y Ordinarios de la diócesis y tienen la misma potestad que los Obispos residenciales tienen en la suya; también otros que son Obispos de alguna diócesis no suburbicaria, una vez que han tomado posesión de la misma canónicamente; (69) Los Obispos residenciales después de haber tomado posesión de la sede; (70) Los Abades o Prelados Nullius, después de haber tomado posesión tam-

---

(64) ASS., IV, 44; VII, 192; IIII, 98; II, 207-8; V, 138; XIV, 335; VIII, 474.
(65) ASS., II, 208; XI, 337.
(66) Barbosa, De Offic. et potest. Episc., alleg 24, n. 23.
(67) De Sacramentis, I, 511.
(68) Cappelo, loc. cit., Durieux, op cit., p. 46.
(69) Can. 240.
(70) Can. 339 §1.

bién canónicamente; (71) los Vicarios y Prefectos Apostólicos en conformidad al can 306; los Administradores apostólicos si han sido constituídos permanentemente, gozan de los mismos derechos y obligaciones que los obispos residenciales, después de haber tomado canónicamente posesión de la administración; (72) los Vicarios capitulares; (73) Los párrocos, después de tomar posesión; (74) los Vicarios que en acto rigen la parroquia, cuando el cuidado habitual de la misma está en manos de una persona moral; (75) los Vicarios ecónomos; los quasi-párrocos, del mismo modo que los Vicarios y Prefectos apostólicos. (76) Conviene que los Obispos titulares apliquen por caridad algunas, veces el sacrificio de la misa por su diócesis. (77) Hay algunos capellanes, los militares por ejemplo, que tienen genuina jurisdicción parroquial, y en estos casos están obligados a aplicar la misa pro populo, (78) pero en estos casos se ha de atener uno a las normas propias dadas por la Santa Sede. (79) El Vicario ecónomo que rige en tiempo de vacaciones varias parroquias, debe aplicar una misa solamente en los Domingos y días festivos por las parroquias encomendadas a él. (80) Ya he dicho cómo se han de regir en esto los Vicarios Apostólicos y quasi párrocos; todos los otros pastores, encargados del cuidado de más o menos feligreses deben aplicar la misa en conformidad a lo establecido por el Derecho Canónico.

La obligación de aplicar el sacrificio por el pueblo, va incluída en el oficio pastoral: Omnis Pontifex pro hominibus constituitur in iis, quae sunt ad Deum, ut offerat dona et sacrificia pro peccatis. Considerado el oficio pastoral en general se ha de decir que es de institución divina, y la obligación de aplicar el sacrificio por el pueblo de derecho divino, pues, el Concilio Tridentino dice: Por precepto divino se manda a los pastores ofrezcan el sacrificio por sus ovejas. (81) Esto incluye a todos los pastores, a los obispos por derecho divino absoluto, porque el episcopal es de institución divina y a los párrocos por derecho divino hipotético, porque el deber parroquial es de institución eclesiástica. (82) Antes de dar fin a este capítulo dejaré anotado lo que Benedicto XIV, expone en su Encíclica (Cum semper Oblatas): Et quidem cum semper enunciavimus, Sacrosanctum missae sacrificium a Pastoribus animarum applicare debere pro populo ipsorum curae commisso, id velut ex divino praecepto descendens a

(71) Can. 323, § 1.
(72) Can. 315.
(73) Can. 440.
(74) Can. 466, § 1.
(75) Can. 471, § 4.
(76) Cc., 473, § 1; 466, § 1.
(77) Can 348, § 2.
(78) Durieux, op. cit., p. 47.
(79) 451, (§) 3.
(80) Pontif. Comm. Cod. 14 jul. 1922, AAS., XIV (1922) 528.
(81) Conc. Trid. Sess. XXIII, De Ref., c. 1
(82) Noldin, op. cit., III, 208

sacra Tridentina Synodo diserte exprimitur sess. 23, c. 1, de ref.,... y para que quede bien gravado, repite de nuevo: quibus animarum cura demandata est non modo sacrificium missae celebrare, sed illius etiam fructum medium pro populo sibi commisso applicare debere, nec illud pro aliis applicare, aut pro hujusmodi applicatione eleemosynam percipere posse. (83) Así también Pío IX se expresa en estos términos, manifestando el deseo, confirmación y mandato, cuando dice: Nihil plane dubitamus, Venerabiles fratres, quin pro eximia vestra episcopali solicitudine omnibus et singulis vestrarum dioecesium parochis, nulla interposita mora, sedulo manifestare velitis quae in hisce Nostris Litteris de eorum obligatione applicandi pro populo sibi commisso, sacrosanctum missae sacrificium suprema Nostra Autcritate confirmamus, ac denuo constituinus, volumus, praecipimus et mandamus. Optamus autem ut harum Litterarum, exemplar in Tabulario episcopalis cojusque vestrum Curiae perpetuo assevetur. (84) Ultimamente una Sesión Plenaria de la Sagrada Congregación del Concilio, tenida el 19 de Julio de 1930, después de haber considerado, si existía obligación de aplicar la misa pro populo en el caso de las fiestas suprimidas, las que anteriormente eran de precepto por ley particular, respondió afirmativamente, por lo que debe de aplicarse en dichos días. (85) Hay otra denominación muy común entre los cristianos, la cual se da al santo sacrificio; es la *misa gregoriana,* de ella trataré en el capítulo siguiente.

---

(83) Fontes, n. 345.
(84) Encycl, Amantissimi Redemptoris, 3 Maii 1858. Fontes, n. 524.
(85) AAS., XXII, (1930) 521.

CAPITULO II

MISA GREGORIANA Y ALTAR GREGORIANO

Al llegar al siglo VI hice mención de las misas gregorianas y allí expuse la historia de la cuestión; en este capítulo expondré su legislación, y como es un asunto muy corriente entre los fieles y sacerdotes, creo no estará fuera del campo de la presente disertación, materia tan importante, como es la doctrina y uso de las misas gregorianas.

Si generalmente hablando, el que se dirige al sacerdote y le da una limosna para que celebre el sacrificio de la misa, no se contenta sólo con la celebración, sino que le pide también la intención del mismo sacrificio o la aplicación, con mucha más razón exigirá la aplicación de las misas gregorianas aquel que pide al sacerdote la celebración de las mismas, aumentando por regla general el estipendio. Estas misas en nada se diferencian de las demás, fuera de la continuidad que ha de haber por un período de treinta días, condición que bien se puede llamar esencial, para que se las denomine con tal nombre. Los tres días de Semana Santa no se consideran como tiempo útil, para celebrarlas; fuera de estos tres días, solamente se han interrumpido una sola vez en el siglo veinte, el 16 de Mayo de 1918 por un decreto dado por la S. Congregación se permitió a todos los sacerdotes del Orbe católico, interrumpir las misas de S. Gregorio el veinte y nueve de Junio del mismo año, para que se celebrara a intención del Romano Pontífice.

El 12 de Diciembre de 1912 se dieron las resoluciones siguientes sobre las Misas de S. Gregorio y altar gregoriano.

1. Las treinta misas han de decirse en treinta días continuados, no dando lugar a interrupción alguna; así lo determinó la S. Congregación de Indulgencias.

2. No cumple aquel que las interrumpió, celebrando en un día dos o tres misas por sí mismo, v. g. el día de la Natividad del Señor, con el fin de que en treinta días se satisfaga a la obligación; faltó la continuidad que se requiere.

3. Si alguno encargado no puede decir la misa gregoriana, está obligado a buscar otro que le supla en la celebración e intención correspondiente a la misa gregoriana.

4. De ningún modo satisface el sacerdote que distribuye las

treinta misas, para que celebrando varios se cumpla con la obligación de decir las misas en muy poco tiempo.

5. No hay obligación de decir la misa de Requiem aún el día en que es permitida por las rúbricas, aunque parece sería muy laudable e indicaría más caridad para con el difunto por quien se aplica la misa.

6. El altar de S. Gregorio en Monte Celio en Roma es altar privilegiado, según el rescripto ex audientia Sanctissimi, 18 Febr. 1752.

7. No se concederá en adelante privilegio de altar gregoriano ad instar.

8. Aquellos que gocen de este privilegio personal, les vale en adelante, como privilegio personal de altar simplemente privilegiado.

Así dice el decreto: Cerca Missas tricenarias gregorianas et altaria item gregoriana.

Supraeme C. S. Off. sequentia exhibita sunt dubia de missis triginta quae gregorianae nuncupantur; necnon de altaribus tum ecclesiae S. Gregorii in Monte Celio Urbis, tum alibi existentibus, quae ad instar illius appellata sunt gregoriana.

1. Utrum sit necessarium quod missae triginta, quae gregorianae appellantur, celebrentur triginta diebus continuis sine interruptione?, et quatenus affirmative:

2. Utrum in casus satisfaciat sacerdos, qui eadem die bis vel ter, vel per se, v. g. die Natalis Domini, vel per alios, celebrationem reassumat, ita ut triginta dierum spatio missae omnes celebrentur?, et quatenus negative:

3. Utrum idem sacerdos teneatur alium sibi substituere celebraturum missam aliquam tricenariam?

4. Utrum quis satisfaciat obligationi curandi tricenarium gregorianum, si pluribus sacerdotibus triginta missas gregorianas distributas committat, eadem die vel paucorum dierum spatio omnes celebrandas ad dictam intentionem?

5. Utrum diebus in tricenario occurentibus, in quibus missa de Requie a rubricis permittatur, ipsa legi debeat ad onus tricenarii gregoriani satisfaciendum?

6. Utrum altari S. Gregorii in Monte Celio de Urbe sit vere ac proprie privilegiatum?

7. Quaenam requirantur conditiones ad obtinendum privilegium altaris gregoriani ad instar.

8. Utrum concedatur privilegium personale altaris gregoriani ad instar? et quatenus negative:

9. Quid dicendum de concessionibus altaris gregoriani personalis forsitan jam factis?

Quibus dubiis mature perpensis, Emi Patres una mecum generales inquisitores, feria IV die 11 Dec. 1912 dixerunt:

Ad I. affirmative, prout in decisis a S. Congregatione Indulgentiarum, die 14 Januarii 1889.

Ad II. Negative.
Ad III. Affirmative.
Ad IV. Negative.
Ad V. Negative; poterit tamen laudabiliter legi, pietatis gratia erga defunctum diebus quibus licet et debet.
Ad VI. Affirmative, juxta rescriptum ex audientia Ssmi. die 18 Febr. 1752.
Ad VII. Deinceps altaria gregoriana non esse concedenda.
Ad VIII. Negative.
Ad IX. Habeantur ut mere concessiones altarias personalis simpliciter privilegiati.

Et feria V. die 12 mense et anno, Ssmus. D. N. D. Pius div. Pro. X. in solita audientia R. P. D. adsessori S. Officii impertita, supra relatas Emorum. Patrum resolutiones benigne adprobare dignatus est.

M. Cardinalis Ramplla
D. Archiep. Leucien., ads. S. O.

(*AAS.*, V, 32.)

La S. C. de Ritos (2) condenó ciertas misas llamadas gregorianas; pero el mismo año declaró que no fué su intención prohibir las verdaderas misas de S. Gregorio: Missas pro vivis et defunctis non approbatas, quae circunferenbantur nomine S. Gregorii, prohibuit; item quindecin Auxiliatorum, et de Patre Aeterno; sed nullatenus vetuit, ut quidam inmerito sunt opinati, Missas proprie gregorianas celebrari. Hanc, et non aliam, fuisse intentionem S. R. C. expresse declaratur in fine cit, decr. Urbis 16 Oct. 1628.

A lo que en la historia dije se debe de añadir que el altar gregoriano, la capilla en donde según creencia común se dijeron las treinta misas por orden de S. Gregorio, estaba erigido en la misma casa de los padres del santo, convertida en monasterio, con el nombre de Monte Celio, en el cual se cree que celebró el santo muchísimas veces. Desde los antiguos tiempos los fieles acostumbraban a pedlr que las misas se celebraran en el altar de S. Gregorio en la Iglesia del mismo santo en Monte Celio y se aplicaban a los difuntos, confiando piadosamente que en cada misa ofrecida en aquel altar era de tanta eficacia, que el alma por la cual se ofrecía, era libertada de las penas del purgatorio al instante. La S. C. de Indulgencias declaró que la confianza de los fieles era: piam et in Ecclesia probatam. (3) Por esta especial eficacia el altar gregoriano equivale al treintenario de S. Gregorio. (4) Esta eficacia es atribuída a la estimación hecha por la Iglesia y a la intercesión de S. Gregorio. El privilegio que fué concedido al altar de S. Gregorio en Monte Celio fué concedido también en algún tiempo por el Pontífice a otros altares en distintas partes del mundo cristiano y a los tales se les llamaba altares gregorianos ad

(2) 8 Abril 1628; Decr. Auth., n. 460.
(3) Noldin op. cit., 378.
(4) Cappello, op. cit., II, 837.

instar, porque eran considerados, como si fuera el mismo altar de S. Gregorio. (5) Dichos altares no se conceden más según la respuesta dada por la C. del S. Oficio. Este privilegio fué concedido como personal, de tal modo que en cualquier altar que celebrara el sacerdote que gozaba de él, era la misa tan eficaz, como si se hubiera celebrado en el propio altar de S. Gregorio. (6) Estos privilegios tampoco se conceden más y los que fueron dados, se han reducido a altares simplemente privilegiados. Altar privilegiado es aquel al que se une una indulgencia plenaria por cada una de las misas celebradas en él y han de ser aplicadas a aquel por quien se ofrecen las misas. (7) Este privilegio consiste en que el Romano Pontífice aplica a determinado difunto una indulgencia plenaria o tantos méritos satisfactorios, cuantos se requieren y bastan para librar a uno de las penas del purgatorio; por supuesto que el efecto de esta indulgencia no es infalible. La indulgencia plenaria es concedida en favor de un alma por la cual se celebra, pues, si se celebra por muchos difuntos, la indulgencia se limita a uno solo que debe de ser determinado previamente antes por el celebrante (8) La misa y la indulgencia no pueden dividirse, sino que una y otra han de aplicarse por el mismo difunto; se entiende la misma indulgencia de altar privilegiado. El privilegio es doble, local o personal; local, si está unido al altar y gozan del privilegio todos cuantos en él celebren; personal, si va unido a la persona; per indulgentiam altari privilegiato adnexam, se expectetur mens concedentis et usus clavium potestatis, intelligendam esse indulgentiam plenariam, qua animan statim liberet ab omnibus purgatoriipoenis; si vero expectetur applicationis effectus, intelligendam esse indulgentiam, cujus mensura divinae misericordiae beneplacito et acceptationi respondit. (9) Las misas de S. Gregorio se aplican solamente por los difuntos; tal es la aspiración de todo el pueblo cristiano, cuando se dirige al sacerdote para ofrecerle el estipendio de las misas y suplicarle la aplicación de las mismas. La costumbre de aplicarse solamente por los difuntos tiene su origen en las mismas palabras de S. Gregorio: Vade ab hodierna die diebus triginta continuis offerre pro eo sacrificio; stude ut nullus omino praetermittatur dies quo pro absolutione illius hostis salutaris non offeratur. Desde aquel tiempo hasta hoy la costumbre de aplicarlas por los difuntos está vigente. (10) Estas misas aplicadas a una sola alma según fué declarado el 14 de Enero de 1889, no es necesario que se celebren y apliquen por el mismo sacerdote, (11) ni en el

(5) Noldin, op. cit., III, 378.
(6) Solans, Manual Liturg., I, 490
(7) Ferreres, op. cit., II, 481.
(8) AAS., IX (1919) 440.
(9) S. C. Indulg., 28 Jul. 1840. decr. auth., n. 283.
(10) Pasqualigo, De Missis defunctorum, I, 270
(11) Gavant, in Rubr. Missal., part. I, tit. 5, n. 3, litt. D; Tamburini, De Sacrf. Missae, lib. 2, cap. 6, § 7, n. 4.

mismo altar, ni en memoria de S. Gregorio. Han de ser treinta en número; esto se deduce de la respuesta que se dió a lo siguiente: Estne necessarium quod missae triginta quae gregorianae appellantur, celebrentur a) in memoriam S. Gregorii, quin tamen in illis fiat de eo commemoratio?; b) ab eodem sacerdote?; c) pro una tantum anima absque ulla alia speciali intentione? ;d) diebus triginta continuis sine interruptione?; e) in eodem altari?; a lo primero se respondió de un modo negativo; lo mismo a lo segundo; en cuanto al punto tercero, la respuesta se hizo en estos términos: Missae pro ea tantum anima debent applicari, cujus liberatio a poenis purgatorii a divina misericordia imploratur; en cuanto al punto cuarto se responde afirmativamente y al último negativamente. (12) En cuanto al cambio de sacerdote no repugna a la continuidad de estas misas y aún podía, si fuera necesario, ser cada día distinto el sacerdote. Esto parece fundarse en las mismas palabras de S. Gregorio que dijo: offerre stude, como indicando solamente el deseo de que fueran dichas y aplicadas, no usando el imperativo que significa mandato a una persona, offer; pero Pasqualigo, reflexionando sobre este pasaje usa el término probabilius (13) para sacar el sentido contrario, atendiendo según dice él mismo a la misma historia de S. Gregorio. Dejando a una parte el concepto gramatical de los tiempos verbales, está determinado que no es necesario que sea el mismo sacerdote, el que debe de celebrarlas necesariamente; lo que importa es que no se pierda la continuidad de decirlas y por consiguiente de aplicarlas. Si hay interrupción no valen como misas gregorianas, sino como misas ordinarias. El que sean seguidas, parece ser que tiene más mérito; pluris fiunt quae continuantur, quam quae cum interruptione exhibentur et continuitas existimatur in oratione; unde II Machab. 13 Judas praecepit populo ut continuo die, ac nocte orarent Dominum, atque adeo omnes per triduum continuum prostrati oraverunt. No es necesario que se celebren de Requiem, aún en los días en los cuales lo permite la rúbrica; pero dado caso que se celebre de negro, no es tampoco necesario que sea la propia de un difunto, sino basta decir la cuotidiana de difuntos, porque recitándose en la misma las oraciones comunes a todos los difuntos, está comprendido también el difunto por quien se aplica el sacrificio, ni es obstáculo para que el difunto por quien se aplica el sacrificio pueda percibir el fruto del mismo. (14) He dicho también anteriormente que se aplican solamente por los difuntos y para confirmar que no se deben de aplicar por los vivos, véase lo legislado por la misma Iglesia.

I. An Missae quae gregorianae appellantur, atque pro defunctis sunt celebrandae, juxta per antiquam S. Gregorii institutionem ab Ecclesia recognitam probatam pro vivis etiam celebrari valeant.

(12) Coll. de Prop. Fide, n. 1697.
(13) op. cit., I, 271.
(14) Pasqualigo, op. cit., I, 270.

II. An ab ipsis missis gregorianis aliqua adnexa sit indulgentia a summis Pontificibus; et quatenus affirmative.

III. Pro quibus ea indulgentia sit concessa: pro defunctis tantum, an pro vivis.

IV. Si supradictae missae pro vivis dici nequeunt, ad quod tenebitur sacerdos qui bona fide pro vivis eos postulantibus celebrabit? Respon.

Ad I. Negative.

Ad II. Non constat datam fuisse indulgentiam, sed ex decr. hujus sacrae Congregationis die 3 Mart. 1884 recognita et approbata fuit PIA PRAXIS ET SPECIALIS FIDUCIA qua fideles retinent celebrationem triginta missarum specialiter efficacem ex beneplacito et acceptatione divinae misericordiae ad animarum e purgatorii poenis liberationem.

Ad III. Provisum in praecedentibus.

Ad IV. Ad nihil tenetur sacerdos qui missas celebrabit juxta intentionis offerentis, qui putavit, durante adhuc vita posse anticipare suffragia. (15) Un caso muy curioso se ha dado que puede servir de ilustración en el asunto de que vengo hablando. Un señor llamado Jerónimo Coletani entregó sus bienes a un monasterio· conocido con el nombre de S. Miguel (Bolonia) como único heredero, con la condición de que en dicho monasterio se celebrara un treintenario cada mes por su alma y esto a perpetuidad: ad dicendum et celebrandum missas S. Gregorii, singulo mense post mortem meam in perpetuum donec coelum et terra durabunt. Los religiosos que habitaban el monasterio y formaban la comunidad, pensaron que bastaría celebrar las primeras treinta misas y después considerar la voluntad del donante como fundación de misas diaria; creyeron que de otro modo no se podía cumplir con la voluntad del testador, porque mirando a los meses del año Febrero por ejemplo nunca tiene treinta días, además de no poderse celebrar durante la semana santa, por todo lo cual juzgaron que no podía cumplirse la voluntad del testador, tal como lo había dejado manifestado en su testamento. Lo de Febrero se podía suplir con el mes siguiente y éste con el siguiente etc.; se sabe también que el triduo de la semana mayor no se opone a las misas gregorianas. Llevado el caso a Roma "An et quomodo in futurum sint celebrandae missae S. Gregorii, seu potius sit locus celebrationi missae quotidianae etc... Resp. Affirmative ad primam partem ad formam testamenti, negative ad secundam." (16) Vista la naturaleza de las misas gregorianas se deduce lógicamente, quiénes deben de celebrar dichas misas, mejor, quiénes no deben de encargarse de misas gregorianas· pues el oficio que desempeñan les imposibilita casi siempre, por no decir siempre de cumplir con la carga que llevan consigo las misas gregorianas; muchas veces por su mismo ofi-

---

(15) Coll. S. C. de Prop. Fide, n. 1692.
(16) Thesaur. Resolut. S. C. C., LX, 102-110.

cio deben cumplir obligaciones perentorias que se les ofrecen, como funerales, matrimonios, misas por necesidades urgentes, necesidades a las que deben atender si saben ser fieles a sus oficios y procuran el bienestar de sus ovejas.

Se da el caso de binar, pero por la binación para quitar toda ocasión de avaricia y lucro, no se puede recibir estipendio; además con la misa de binación se puede satisfacer a la obligación de caridad o de fidelidad; no a la obligación de justicia. (17) Si permite recibir estipendio por la misa de binación, entonces se puede satisfacer a las misas gregorianas con la de binación; pero se ha de entregar el estipendio a la causa pía señalada, o al Seminario o por otro fin permitido por el Romano Pontífice; por ejemplo los misioneros del Corazón de María pueden recibir estipendio por la misa de binación, con el fin de enviarlo a Roma para edificar la basílica que la Orden de los Hijos del Corazón de María tienen en proyecto.

Se me ocurre una dificultad a mi modo de ver fácil de resolver. Un párroco se ha encargado de misas gregorianas, este sacerdote bina, por la segunda misa no recibe estipendio· dicho párroco aplica la misa por su pueblo en los días obligadso, se encargó por causa de las circunstancias de celebrar treinta días consecutivos; para que no se quebrante la continuidad de las misas gregorianas, la misa de binación la aplica por el fin de las misas gregoranas, no recibiendo por ella estipendio; cumple, obrando de este modo?; no dudo que su modo de obrar deba de inquietarle, pues, no recibiendo estipendio por la misa de binación, procurando que no haya interrupción en las misas gregorianas y celebrando después de haber terminado el período de los treinta días correspondientes a las treinta misas, tantas misas cuantas veces binó, en conformidad a los estipendios que aún tiene y aún no ha satisfecho, o devolviendo los estipendios que le sobran por haber aplicado la misa de binación a los propios donantes· ha cumplido fielmente con el deber que se impuso al aceptar las misas gregorianas. En el caso de que no devuelva el dinero restante a su dueño, porque aplica tantas misas cuantos estipendios le sobraron, el alma, por la que se ofrecieron dichas misas, ha salido mucho más favorecida, pues, en lugar de aplicarse por ella treinta misas, le fueron aplicadas treinta y cuatro o treinta y cinco o quizá alguna más. Diferente del anterior parece este otro caso; un párroco encargó a otro que celebrara a su intención, la cual no era otra que cumplir con unas misas gregorianas de que él se había encargado; aquél se puso enfermo, y éste que bina se ve en la precisión de aplicar la segunda misa por ese fin; se disputa si hace suyo el estipendio (18) En la práctica se resuelve como el anterior.

El motivo que contribuyó a crear altares gregorianos ad instar,

(17) ASS., I, 283.
(18) Gasparri, op. cit., n. 546; Monitore, 15, 153.

fué sin duda la piedad de los fieles que iba en aumento a medida que los Papas enriquecían con gracias espirituales la Iglesia de S. Gregorio. Las misas que allí se recibían eran casi innumerables, y siendo imposible celebrarlas intra modicum tempus, por lo que Urbano VIII el 9 de Diciembre de 1626, por un breve ordenó que las misas que no podían celebrarse dentro del tiempo útil· fueran distribuídas entre otras iglesias de Roma, para que se dijeran quam primum. El mismo Papa concedió a dichas iglesias o altares las mismas indulgencias que sus predecesores habían otorgado a la Iglesia de S. Gregorio. Insuper Ecclesiis seu altaribus in quibus missae pro eleemosynis dictae ecclesiae S. Gregorii elargitis, ut supra celebrabuntur, easdem indulgentias quae ipsi ecclesiae S. Gregorii a Sede Apostolica concessae reperiuntur, auctoritate Nobis a Domino tradita ac de Omnipotentis Dei misericordia ac Sanctorum Petri et Pauli Apostolorum ejus auctorite confissi, eorumdem tenore praesentitum concedimus. (19) Se ha de tener mucho cuidado en no confundir el altar privilegiado con el altar de S. Gregorio, pues, no son la misma cosa y envuelven diversos motivos de existenca. El año 1842 y el 1852 se preguntó a la Sagrada Congregación de Indulgencias las cuestiones siguientes: An quoad effectum unum et idem sit altare gregorianum et altare privilegiatum? et quatenus negative: Quaenam sit diversitas ista?: Ad quid teneatur sacerdos qui bona fide ad privilegiatum satisfecit onera pro altari gregoriano data et accepta? Los consultores a quienes se les pidió el voto, opinaron que tanto el altar de S. Gregorio, como el privilegiado convenían en la aplicación de la indulgencia plenaria por el alma por la que se aplicó la misa; pero se diferenciaban en que el altar de S. Gregorio era tenido por más devoción por los fieles y que la intercesión y memoria del santo se juntaban al privilegio del altar. Si algún sacerdote celebró involuntariamente o de buena fé en un altar privilegiado y no en un gregoriano como debiera haberlo hecho, podría estar tranquilo; si lo hizo a sabiendas, faltó; pero en ambos casos debe de pedir al Romano Pontífice la absolución de lo hecho· para suplir lo que era necesario por medio del tesoro de la Iglesia. (20) También se resolvieron algunas dudas propuestas:

Utrum fiduciam, qua fideles retinent, celebrationem triginta missarum quae vulgo gregorianae dicuntur, uti specialiter efficacem ex beneplacito et acceptatione divinae misericordiae ad animae a poenis purgatorii liberationem pia sit et rationabilis, atque praxis easdem missas celebrandi sit in Ecclesia probata? Utrum fiduciam, qua fideles retinent, celebrationem missae in altari S. Gregorii in ejus ecclesia Coelimontana uti specialiter efficacem ex beneplacito et ex acceptatione divinae misricordiae ad animae purgatorii poenis liberationem pia sit et in ecclesia probata?

(19) Bullarium Romanum, XIII, 508-09.
(20) Cfr. Analecta Juris Pont., ser. 8, 2046-47

Utrum dicendum idem sit de altaribus gregorianis ad instar.

Utrum expedit revocare suspensionem novae concessionis altaris gregoriani latam ex mandato Ssmi. in audientia diei 15 Mart. 1852?

Quibus in Congregatione generali habita die 11 Mart. in aedibus Apostolicis Vaticanis Eminent. Patres rescripserunt: Ad I, II, et III affirmative. Ad IV. Consulendum Ssmo. ut revocet suspensionem novae concessionis altaris ad instar.

Die vero 15 ejusdem mensis et anni, facta de omnibus ab infrascripto Scrae Congregationis Secretario relatione, Ssmo. Dno. Nostro Leoni Papae XIII, Sanctitas Sua Patrum Cardinalium responsiones approbavit et suspensionem novae concessionis altaris gregoriani ad instar sustulit. (21) Con respecto a las misas en general se ha de tener exquisito cuidado por parte de aquellos que las reciben y los que tienen o suelen tener bastantes como puede suceder entre los Ordinarios y ejecutores testamentarios, de distribuirlas cuanto antes, y si son urgentes se deben de celebrar lo más pronto posible; si nada se dijere, al aceptarlas, se empieza a contar el tiempo desde el momento mismo en que se recibieron las intenciones. En las Iglesias en las cuales por devoción propia de los fieles afluyen las misas en gran número, de tal modo que no pueden ser celebradas en el tiempo debido, se ha de avisar a los fieles por un anunco puesto al público, diciendo que se celebrarán y aplicarán allí o en otro lugar, como más cómodamente se pueda. (22) Siempre fué propósito de la Iglesia aplicar el sacrificio que heredó de Cristo por todos los que están en vías de obtener algún día el premio ofrecido por el mismo Redentor; pero no todos se han hecho igualmente dignos y de aquí que la Iglesia tenga sus reglas en la aplicación del mismo sacrificio.

(21) Collect. S. C. de Prop. Fide, n. 1613
(22) Genicot, Theolg., Mor. II, De Eucharist., 203, nota.

CAPITULO III.

INTEGRUM EST MISSAM APPLICARE PRO QUIBUSVIS, SALVO PRAESCRIPTO CAN. 2262, § 2, N. 2.

La Iglesia como sociedad perfecta legisla sobre sus súbditos; como madre con entrañas de misericordia lanza su voz sobre todo el universo, para que sea oída por todo humano que lleva grabado en su ser la imagen de su Hacedor; da leyes solamente para sus súbditos y a ellos afectan todas las contenidas en el libro jurídico del Derecho Canónico, aún cuando no todas las contenidas en esta perfectísima recopilación merezcan el nombre de tales en el sentido estricto del vocablo.

Según el Can. I, del Código las leyes contenidas en él mismo no incluyen a los del Rito Oriental, excepto en algunos casos; por ejemplo si en el can. expresamente se establece algo para los Orientales, como en los cc. 98, 257, 544 al fin; 804, 816, 819, etc.; si implícitamente lo prescrito por el can. comprende también a los Orientales, lo que acontece principalmente cuando la ley más bien que prescripción ecleiástica, es declaración del derecho divino; cuando se trata de cánones dogmáticos; si el can. concede favores, pudiendo gozar de ellos los Orientales, como v. g. indulgencias, según expresamente declaró la S. Penitenciaria el 7 de Julio de 1917 si la disciplina de la Iglesia Oriental es deficiente en alguna cosa, puede suplir esta deficiencia por el Derecho latino. (1)

La Iglesia en su modo de obrar, busca como proteger a sus hijos y alejarlos del indiferentismo y perversión que destruiría sus almas, al mismo tiempo que dirige su mirada también sobre aquellos infelices que se hallan fuera de su seno, deseando que muestren verdadero interés en investigar la verdadera religión, pudiendo quizá ver así la mala senda por donde caminan y el materialismo e indiferentismo que les domina.

He dicho que solamente legisla sobre sus súbditos y para que se vea la restricción que a veces usa con ellos, lo más oportuno es, tener una idea general de los mismos; quiénes son los sujetos o súbditos de la Iglesia, el mismo Código nos lo define y expone terminantemente:

(1) Maroto, Instit. I C. I, Cocchi, Normae Generales, I, 56.

baptismate homo constituitur in Ecclesia Christi persona cum omnibus christianorum juribus et officiis. (2) Todo hombre bautizado, regenerado por la gracia, es, pues, sujeto capaz de todos los derechos y oficios de la sociedad que es la Iglesia. En sentido filosófico llámase persona a todo ser dotado de naturaleza racional; persona est individua substantia, completa, incomunicabilis et rationalis, quatenus est subjectum operationum sibi propiarum, (3) Así como por derecho natural todo hombre es persona (4) así también por el Derecho civil de hoy (5) todos ya sea súbditos, ya extranjeros, son personas civiles. En el sentido jurídico persona es el sujeto capaz de todos los derechos y oficios y en el canónico la persona es el sujeto capaz de sostener en sí los oficios y de obtener los derechos eclesiásticos. (7) Sólo por el bautismo queda uno asignado entre las personas cristianas, en las cuales gobierna y manda la Iglesia. Prosiguiendo el can. antes citado se lee: nisi ad jura quod attinet obstet obex, ecclesiasticae communionis vinculum impediens vel lata ab ecclesia censura. Por la excepción explícitamente contenida en el canon, solamente quien es persona completa, goza de los citados derechos y participa del tesoro infinito de gracias, tesoro que conserva la Iglesia enriquecido sobre todo por los méritos de Jesucristo que con su pasión y muerte, con su vida y ascensión creó un manantial perpetuo y perenne de donde manan constantemente los favores y gracias.

Se participará, si además del bautismo, se está en unión con la Iglesia y se ve uno libre de censura alguna; (8) de lo contrario será uno persona a medias. Por la herejía se rompe la unión con la Iglesia, (9) y por el cisma se quebranta la unidad de religión; por la Suspensión y Entredicho se priva uno de algunos derechos, y por la excomunión que es la principal censura se pierden todos, salvo el título del carácter bautismal que da opción para obtener alguna solicitud, especialmente a la hora de la muerte, cuando se permite recibir la administración de los sacramentos más necesarios. (10) Sabiendo, pues, que sólo bautizados son capaces de derechos y obligaciones, conociendo que no todos por su rebelde y satánica voluntad son dignos de ellos, se desprende al punto por que la Iglesia, fiel administradora del tesoro de gracias, legado a ella por el mismo Dios, rige a sus súbditos con prudencia y mesura, con amor y justicia. Siguiendo fielmente el mandato de Cristo, aplica lo más sagrado de nuestra re-

---

(2) Can. 87.
(3) Farges et Barbedete, Philoso. Sholast., I, 291
(4) Cocchi, Institut. I. C., II, De Personis, 14.
(5) Imo Codices moderni qoad omnia jura civilia paritatem admittunt inter proprios subditos et extraneos et solum jura poltica reservant subditis: cfr. Filomusi Guelfi, o. c., p. 187, cum notis: en Marota, nots, op cit., p. 456.
(6) Maroto, op. cit., I, 455.
(7) Cfr. Wernnz, Ius Decret., II, n. 2, not 16. Maroto, 1. c.
(8) Cochi, 1 cit.,
(9) Vermeesch, Epitome I. C. I, 83
(10) Vermeersch, loc. cit.,

ligión, como es el sacrificio de la misa, en favor de todos los que están en vías de poseer algún día la unión íntima con Dios.

La Iglesia que lleva por divisa el amor, ha sabido trasmitir sus deseos e imprimir con caracteres de oro en la inmortal colección del nuevo Derecho las más expresivas y adecuadas palabras: pro quibusvis vivis. En la profesión de fé católica exigida por el Código se lee: Profiteor pariter in missa Deo verum, proprium et propitiatorium sacrificium pro vivis. Esta misma doctrina está contenida en la profesión de fé de la Const. de Gregorio XIII. (11) El Papa Pío IV usa las mismas palabras: Profitteor pariter... Sacrificium pro vivis. (12) En la carta Encíclica *Amantissimi Redemptoris*, Pío IX expone a todos los Patriarcas, Primados, Arzobispos, Obispos y a todos los Ordinarios que están en unión con la sede Apostólica la caridad de nuestro Redentor para con la humanidad, y a imitación del mismo Dios, les aconseja que sigan las huellas divinas, ya que tienen la dicha de ofrecer el santo sacrificio de la misa, que según tradición se viene ofreciendo desde los apóstoles pro communi Ecclesiarum pace, pro recta mundi compositione, pro imperatoribus, militibus sociis, pro iis qui infirmitatibus laborant, qui afflictionibus premuntur, et universim pro omnibus qui opis indigent, añadiendo que nada hay más grande, nada más saludable, nada más divino, que el sacrificio de la misa, sacrificio incruento, en donde el mismo Cuerpo y Sangre de Cristo, el mismo Dios y Señor Nuestro Jesucristo se ofrece y se inmola en el altar para la salud de todos. (13) León XIII abunda en los mismos sentimientos, y lleno de celo por la salvación de las almas, cree y enseña que el sacrificio es como un manantial ubérrimo, de donde dimana copiosísimo fruto para toda la humanidad, et uberriman quidem salutis copiam non singulis modo sed universis hominibus paratam hoc habet augustissimum mysterium, ut est sacrificium: ab ecclesia propterea pro totius mundi salute assidue offerri solitum. (14) Ningún día es exceptuado, en el cual no se ruegue en el sacrificio de la misa por todos los vivos y por todas sus necesidades. (15) Como doctrina contraria, perjudicial y dañosa se condenó la doctrina del Sínodo de Pistoya, que mientras cree que la oblación del sacrificio se extiende a todos, niega que exista en el sacerdote poder alguno para aplicar los frutos a quien le plazca, aprovechando el sacrificio según piensa el Sínodo, lo mismo a aquel por quien se aplica, que a los demás por los cuales no se aplicó, como si ningún fruto especial proviniese de la aplicación especial del sacrificio: Doctrina Synodi, qua dum profitetur credere sacrificii oblationem

(11) Gregorius XIII,Const. Sanctissimus, a. 1575. Professio Graecis praescripta. Fontes, n. 146, § 12.
(12) Pius IV Const. Injunctum nobis, 13 Nov. 1564. Professio Fidei Trident. Fontes, 108, 8.
(13) Pius IX, ep. encycl. Amantissimi Redemptoris, 3 Maii 1858, Fontes, n. 524
(14) Leo XIII, ep. encycl. Mirae Caritatis, 28 Maii 1902; Fontes, n. 648.
(15) Ex Conc. Cabilonensi, II, c. 39. (C. 72, dist. I, de consecr.)

extendere se ad omnes, ita tamen ut in liturgia fieri possit specialis commemoratio aliquorum tan vivorum, quam defunctorum, precando Deum peculiariter pro ipsis: dein continuo subjicit; non tamen quod credamus in arbitrio esse sacerdotis applicare fructus sacrificii cui vult; inmo damnamus hunc errorem velut magnopere offendentem jura Dei, qui solus distribuit fructus sacrificii cui vult, et secundum mensuram, quae ipsi placet: unde et consequenter traducit velut falsam opinionem invectam in populum, quod illi, qui eleemosynam subministrant sacerdoti sub conditione, quod celebret unam missam, specialem fructum ex ea percipiant; sic intellecta, ut praeter peculiarem commemorationem, et orationem specialis ipsa oblatio, seu applicatio sacrificii, quae fit a sacerdote, non magis prossit, caeteris paribus, illis, pro quibus applicatur, quam alli quibusque; quasi nullus specialis fructus proveniret ex speciali applicatione, quam pro determinatis personis, aut personarum ordinibus faciendam commendat, ac preacipit Ecclesia speciatim a pastoribus pro suis ovibus: quod velut ex divino praecepto descendens a Sacra Tridentina Xynodo disserte est expressum; Sess. 23, cap. I, De Ref., Benedict. XIV Const. Cum Semper Oblatas 2, falsa, temeraria, perniciosa, ecclesiae injuriosa, inducens in errorem alias damnatum in Wicleffo. (16) Siendo la aplicación del fruto de la misa exclusivamente un acto del poder recibido en la ordenación sacerdotal, puede ser válidamente hecha a todos los que son capaces de recibir tales frutos. Por voluntad de Cristo el sacrificio de la Eucaristía es propiedad de la Iglesia y ha ordenado se celebrara por ella y en ella. Si el sacrificio no fuera ofrecido por toda la Iglesia no sería fiel representación del sacrificio de la Cruz. El sacerdote excluyendo alguno de la común oblación, peca gravemente por el odio formal o a lo menos virtual, y si públicamente lo hace escandalizaría gravemente. (17) Si no se está obligado por caridad a orar por cada uno, se tiene la obligación de no excluir de las oraciones comunes, (18) de otro modo obraría el sacerdote contra la institución del sacramento y contra la intención de la Iglesia cuyo ministro es; me refiero al fruto general del sacrificio. El sacerdote no puede lícitamente excluir alguno y que no esté comprendido en la oración universal del sacrificio. (19) El sacrificio aprovecha a aquellos que no están unidos al sacramento por la fe y por la caridad, entendiéndose ex opere operato y por lo tanto a los tales les puede servir de satisfacción; para que se satisfaga a Dios se debe de ser miembro vivo de Cristo; no puede ser ofrecido y aplicado por los pecadores con relación al tiempo en el

(16) Pius VI, Const. Auctorem Fidei, 28 Aug. 1794, pro Synodi Pistoriens., Damn. Fontes, n. 475, XXX.

(17) Rosset, op. cit., p. 598

(18) S. Tom., 2-2, q. 35, a. 8 y 9.

(19) Suárez, De Eucharist., disput 78, sect. 2; Villalovos, part I, tract. 8, difficult. 7, n. 3; Layman, Theolog. Mor., lib. 5, tract, cap. 2, n. 16; Francisco de Lugo, De Sacramentis, lib. 5, cap. 4, q. 6, n. 52.

cual sean capaces de satisfacción, de tal modo que se obtenga su efecto, cuando el pecador se halle en estado de gracia; (20) pues, el sacerdote no puede suspender el efecto del sacrificio; el sacrificio produce sus efectos según la medida de su institución; Cristo le instituyó, para que obrara según la presente capacidad del sujeto. La Iglesia mira el bien espiritual de sus hijos; en la misericordia lo mismo que en el castigo se propone el mismo fin, la salvación de las almas. Durante veinte siglos que lleva existiendo viene vigilando sobre sus hijos para que sean fieles a las promesas que hicieron al incorporarse a la sociedad católica. Por desgracia no se puede decir de todos sus hijos que saben obedecer como dóciles y sumisos católicos; hay quienes renegaron de la fé y rebeldes a las creencias cristianas siguen a capricho los vaivenes de las pasiones que les ciega la inteligencia y les endurece el corazón; son más dignos de lástima que los mismos paganos o gentiles, porque no se halla en éstos la malicia refinada de aquellos que merecieron por su conducta ser arrojados de la misma Iglesia. Desde los primeros tiempos se impuso a los pecadores públicas penitencias y éstas, a veces, eran muy severas; v. g. la exclusión del servicio de la Iglesia, la negación de la Eucaristía, el ayuno a pan y agua por un período de años por crímenes como el homicidio, apostasía y por la entrega de la Biblia a los perseguidores paganos. La pena impuesta se remitía, en todo o en parte, si algún penitente manifestaba extraordinaria tristeza, si una persecución era inminente, si uno de los mártires al morir lo pedía, si el penitente era incapaz de sufrir la penitencia por causa de enfermedad o la muerte le amenazaba. Tal disciplina y rigor fué poco a poco cambiando y en el siglo XIII totalmente desapareció. Más tarde las públicas penitencias fueron cambiadas y conmutadas por súplicas y oraciones juntamente con limosnas a las Iglesias, monasterios y hospitales; se imponían también peregrinaciones, tomando la cruz para libertar el santo Sepulcro del dominio de los Sarracenos. Hoy día hace uso de las penas determinadas por el Derecho las que le inhabilitan a uno durante el tiempo que dure el castigo que sobre él tal pese.

No hay duda que la Iglesia tiene el poder de perdonar o de atar y desatar como nos dice la Escritura: Os empeño mi palabra, que todo lo que ataréis sobre la tierra, será eso mismo atado en el cielo y todo lo que desataréis sobre la tierra, será eso mismo desatado en el cielo. (21) En la Sagrada Escritura se lee cómo Dios perdona al arrepentido pecador, le libra de la culpa del pecado y de su castigo eterno, sin librarle del castigo temporal; el caso de Adán por ejemplo (22) el de los judíos rebeldes en el desierto; (23) el de Moi-

(20) Lugo, De Eucharist. disp. 19, n. 193; Gab. de S. Vicente, De Sacrament., disp. 2, De Sacrif Missae, q. 4, difficult 3.

(21) Mat., XVIII, 18

(22) Sabiduria, X, II

(23) Num., XIV, 19-20.

sés; (24) el de David que arrepentido es perdonado por Dios y castigado con la muerte de su hijo, a quien amaba entrañablemente; (25) el de Ninive; (26) el de Manases; (27) el del incestuoso de Corinto, lanzado antes de la Iglesia por la excomunión, perdonado, una vez que se arrepintió de su pecado. (28) El Concilio Tridentino declara que las penas purifican al pecador, andando éste con más cuidado en el resto de sus días y por causa de las penas sufridas, convertido, se guardará de cometer el pecado: Apostolus monet, publice peccantes palam esse corripiendos. Quando igitur ab aliquo publice et in multorum conspectu crimen commissum fuerit, unde alios scandalo offensos, commotosque fuisse non sit dubitandum; huic condignam pro modo culpae poenitentiam publice injunge oportet; ut quos exemplo suo ad malos mores provocavit, suae emendationis testimonio ad rectam revocet vitam. 22) De castigos muy severos usa también la Iglesia en nuestros días y la excepción que contiene el canon 809, haciendo referencia al 2262, § 2, n. 2, es ejemplo de ello. El castigo que recae sobre el que fué conminado con tal pena, es el de la excomunión, censura por la que uno se ve excluído de la comunión de los fieles con los efectos subsiguientes, contenidos en los cánones referentes a esta censura, llevando el nombre de anatema, si es impuesta con las solemnidades contenidas en el Pontifical Romano. (23) Los excomulgados son o vitandos o tolerados. El excomulgado no será vitando sino es nominalmente excomulgado por la Sede Apostólica y la excomunión debe de ser denunciada públicamente y en el decreto se diga expresamente que el tal excomulgado es vitando. (24) Se emplea en el canon la palabra *nominatim,* para dar a entender que se ha de designar al excomulgado con su propio nombre o de tal modo que se distinga fácilmente de las demás personas. (25) Se emplean además los términos, *Por la Sede Apostólica,* indicando con estas palabras lo que entiende el canon 7 del mismo Derecho. Nomine Sedis Apostolicae vel Sanctae Sedis in hoc Codice veniunt non solum Romanus Pontifex, sed etiam, nisi ex rei natura vel sermonis contextu aliud appareat, Congregationes, Tribunalia, Officia, per quae idem Romanus Pontifex negotia Ecclesiae universae expedire solet. El que pusiere violentamente las manos en el Romano Pontífice, será excomulgado vitando por el mero hecho de cometer tal delito, sin los requisitos anteriormente dichos. La distinción que hay entre los excomulgados vitandos y tolerados supone que la pena no es tan rigurosa para unos como para otros; pues, aunque todo excomulgado queda

(24) Num., XX, 12; Deuteronomio, XXXII, 51-52.
(25) Lib. II de los Reyes, XII 13-14
(26) Jonas, III, 10
(27) Lib. II, Paralipomenos, XXXIII, 12-13.
(28) II, Cor., II, 6-7.
(22) Sess. XXIV, De Ref., cap. VIII.
(23) Can. 2257, §s 1, 2.
(24) Can. 2258, §s. 1, 2.
(25) S. Alfon. lib. 7, n. 137.

privado de asistir a los divinos oficios, excluyendo sólo la predicación de la palabra de Dios, sin embargo cuando un excomulgado tolerado asiste pasivamente a los mismos, no es necesario que se le expulse, aun cuando pudiera hacerse, pero si es vitando, debe de ser expulsado, y si no se puede, deben de cesar los divinos oficios, cuando esto puede hacerse sin grave incómodo. (26) De modo que a uno se le tolera y a otro se le excluye no solamente de la aplicación del sacrificio, sino hasta de su asistencia al mismo; hablo de la asistencia pasiva, porque de la asistencia activa debe de ser repelido, no sólo el que sea vitando, sino también cualquiera sobre el cual haya recaído sentencia declaratoria o sea por otra parte notoriamente excomulgado. (27) El excomulgado se ve alejado de tal modo de las cosas sagradas que ninguno de ellos puede recibir lícitamente los sacramentos, (28) y sobre los que recayó sentencia declaratoria o condenatoria se hallan privados hasta de los sacramentales. (29) Llega a tanto la pena si han tenido los tales la desgracia de morir, sin hallarse arrepentidos de sus pecados y sin haber dado signos de conversión, que su cuerpo no es digno de morar junto a los miembros y osario de los demás cristianos. Así durante la vida, se vieron privados de todos los sufragios comunes de la Iglesia, pues, la Iglesia con derecho prohibió que por ellos se rogara públicamente o en nombre de la misma, ni que les alcanzara a ellos parte alguna de sus bienes, y esto aun cuando se hubieran arrepentido y vuelto a mejor vida, mientras no hubieran sido absueltos, (30) y después de la muerte, rehusa recibirlos en la fosa común que conserva las reliquias de aquellos que expiraron unidos a Cristo y sostenidos por la misma fe.

El comportamiento de la Iglesia para con los excomulgados es en verdad riguroso, pero en medio de ese rigor aún se muestra misericordiosa y desea que los tales no pierdan la esperanza de que aún están a tiempo de volver al buen camino que les devuelva de nuevo la paz y mira con agrado que se les aplique los sufragios privados y no se prohibe a los fieles que ruegen privadamente por los excomulgados. No se hallan completamente excluídos de los beneficios que redundan en favor de la humanidad del sacrificio incruento de la misa y aún cuando sean personas que se hallan separadas de la comunión visible de la Iglesia, no hay duda que, a lo menos indirectamente y de un modo general, ellos están incluídos en el sacrificio, desde que la misa se celebra por la conversión de los judíos, por la de los paganos, por la extirpación de la herejía y del cisma y como dice el mismo Código por la conversión de los vitandos. Hay casos en los cuales, separado el escándalo, se toleran ciertos actos (31) ejercidos

(26) Can. 2259, §s. 1, 2.
(27) Ibid., § 2.
(28) Cocchi, De Censuris. 147.
(29) Can. 2260, § 1.
(30) S. Alfon. lib. VII, n. 163.
(31) Fontes, n. 1276.

en unión con los católicos; no es conveniente que acatólicos cooperen como socios honorarios en sociedades católicas, como por ejemplo en las sociedades de S. Vicente de Paúl y digno de reprobación se considera el que se tengan exhibiciones religiosas en las cuales cada uno expone su parecer y en donde se oyen sin refutación algunas apologías de diversas religiones, fomentando de este modo el indiferentismo y equiparando de algún modo la Religión Católica a las demás. (32) A pesar de las prudentes prevenciones usadas por la Iglesia, para evitar el contagio de perversión, mira la Iglesia también por el bien de los que se hallan fuera de su aprisco y ofrece su sacrificio por cismáticos y herejes, primero y principalmente por su conversión; dos respuestas de la Santa Sede confirman lo dicho: utrum possit aut debeat celebrari Missa ac percipi eleemosyna pro graeco schismatico, qui enixe oret atque instet ut missa applicetur pro ipso sive in ecclesia adstante, sive extra ecclesiam manente. Resp. Juxta exposita non licere, nisi constet expresse eleemosynam a schismatico praeberi ad impetrandam conversionem ad veram fidem. (32) Utrum liceat sacerdotibus missam celebrare pro Turcarum aliorumque infidelium intentione, et ab iis eleemosynam pro missae applicatione acipere. Resp. Affirmative, dummdo non adsit scandalum, ac nihil in missa specialiter addatur, et, quoad intentionem, constet nihil mali, aut erroris aut superstitionis in infidelibus eleemosynam offerentibus subesse. (34) Con respecto a los que murieron en manifiesta herejía, se respondió lo contrario, principalmente cuando era notada la aplicación. An liceat Missam offerre pro illis qui in manifesta haeresi moriuntur, praesertim quando hujusmodi applicatio nota esset: an liceat etiam in casu, quo hujusmodi applicatio missae tantum sacerdoti et illi qui dat eleemosynam nota esset. Ad I. et II. Negative. (35) Por el derecho de hoy se puede aplicar el sacrificio por otros fines lícitos y justos; no se podría si hubiera alguna ley por la que se prohibiera esto; tal prohibición no está contenida en el canon 2262, 2, n. 2; allí solo se dice que la Misa se ha de aplicar por la conversión de un excomulgado vitando. (36) Aún cuando los herejes y cismáticos son excomulgados según el canon 2314, 1, atendido el tenor del canon 2262, 2, n. 2, el sacrificio de la misa puede ser ofrecido por ellos, siempre que exista esta condición, *privatim ac remoto scándalo.*

Desde el momento mismo que se trata de la aplicación del fruto ministerial, los sacerdotes pueden aceptar el estipendio por las misas que son ofrecidas por los excomulgados y sus intenciones, siempre que éstas estén en conformidad con la ley vigente. Por el mero hecho de ofrecer el sacrificio por un excomulgado no debe de ser pública, (37)

(32) AAS., XI, (1919) 309.
(32) Fontes, n. 876.
(34) Fontes, n. 985.
(35) Fontes, 1041.
(36) Capello, op. cit., I, 494
(37) Excommunicaction, Hyland, p. 120.

ni debe de ser anunciada desde el púlpito, ni conocida del público, ni estar entre los anuncios de la semana. Admitido que pueda aplicarse por un excomulgado, ésta puede ser solemne, cantada o rezada; lo contrario siente Aug. en su comentario; (38) pero me parece que si se permite decir la misa, lo que es cierto, que sea solemne, cantada o rezada, no hace al caso, porque se puede tener muy oculta la intención y se puede fácilmente evitar que se sepa la aplicación de la misma. Cuando la aplicación del fruto ministerial ha sido permitida, permitido el estipendio, en el caso de que la misa es aplicada por la conversión de un vitando, será consecuente y lógico decir que la aplicación privada incluye la aplicación del fruto ministerialí siempre que la misa no sea o conventual o parroquial. La Congregación del Santo Oficio desea que se separe todo el escándalo en los casos de libre pensadores con relación a las misas o al modo de aplicarlas por los mismos, prohibiendo al clero, acceda a la presión o mandato de los tales, si ellos insisten en publicar en los periódicos las misas que en su favor se dicen o en extender invitaciones para el caso. (39) Un caso práctico según se lee en la revista The Homiletic and Pastoral Review, servirá en el caso para aclarar más la cuestión. Una convertida que amaba entrañablemente a su madre, en su triste estado de huérfana, recordaba diariamente la pérdida de su buena madre, que había sido arrebatada por la muerte; un día movida por sus santas creencias y por su fé, se dirige al sacerdote y le ruega, tenga a bien decir una misa por su madre ya difunta y que murió en la herejía; añadió además que su deseo era también que el sacrificio de la misa se aplicara por el feliz resultado de un negocio de su hermano, el cual era protestante; una vez así el caso se pregunta: ¿Qué diferencia hay entre la antigua y nueva legislación con relación a la aplicación de la misa? ¿Podría aplicarse por los fines predichos?

La antigua ley concerniente a la aplicación de la misa del fruto ministerial de la misa a los herejes y cismáticos era por extremo severa. La S. C. del S. Off. declaró el 19 de Abril de 1837 lo ya expuesto anteriormente. Años después, Abril 1875, dió respuesta negativa a la petición expuesta, mencionada antes también. El Romano Pontífice Gregorio XVI en una carta escrita en Febrero 16, 1842, ordenaba que la cláusula "y si ellos murieron en gracia a causa de su buena fé, no era suficiente para hacer la intención lícita"; nec quidquam ad id refert, si potuerit eadem (mulier princeps in extremis vitae momentis, occulto Dei miserantis beneficio illuminari ad poenitentiam (40). Hubo quien avanzó más que el Romano Pontífice, opinando que la misa podía ser aplicada por todas las almas del purgatorio en general, y que era agradable a Dios por el alma del fallecido

(38) VIII, 185.
(39) Cll. P. F., n. 1495
(40) Fontes, n. 499.

hereje, cismático o protestante, entendiéndose en este sentido la aplicación del sacrificio.

Según se deduce del canon 809, la misa puede ser aplicada por todo hombre viador, mirando la restricción no a la aplicación de la misa, sino a la manera o modo de la aplicación; en el caso expuesto de un excomulgado ha de evitarse lo que la ley natural pide, que sea removido, quitar el escándalo, lo que se consigue, celebrando no pública, sino privadamente, guardando las precauciones debidas, para que no venga sobre los fieles ni la más remota sospecha· que haya de servir de detrimento para sus almas; ésto se deduce del can. 2262, 2, n. 2; lo contrario dejaría camino abierto a los mal intencionados y a los sencillos fieles para creer que había algo de *Communicatio in Sacris.* Todos los herejes, aunque ellos estén purificados ante Dios, en el foro externo juzgados, son hijos degenerados o rebeldes que abandonaron volunariamente el yugo suave de la religión católica, mofándose y rechazando la verdadera doctrina. (41)

El sacrificio de la misa puede ser ofrecido por los infieles con el deseo deimplorar su conversión o también con ánimo de implorar para ellos la ayuda temporal que les pueda servir en esta vida de alguna utilidad. En Filipinas hay un santuario dedicado a la Virgen de Antipolo, como comunmente se conoce dicho santuario; (42) el santuario es muy famoso y de gran renombre por los favores que en él ha obtenido el pueblo de aquel archipiélago; su devoción está muy arraigada y es tal que su influencia ha trascendido hasta en los muchos paganos que idos de la vasta China pasan cierto número de años o toda su vida en el mencionado Arcripiélago; estos sino todos, muchos de ellos, inbuídos de un fanatismo que raya en superstición, acuden también a dicho Santuario y al párroco que celebre algunas misas a su intención, ofreciendo un estipendio que a veces supera la taxa marcada por el arancel de la Diócesis; el párroco recibiendo el estipendio· investiga cuál es el fin o intención de ellos, aplica la misa por dicho fin si es justo y decente o por la conversión de los mismos. He puesto este caso, porque es muy práctico y está en conformidad con lo que pide nuestra madre la Iglesia, no dudando que la bondad maternal de la Virgen María habrá iluminado con sus rayos de gracia a muchas almas que yacían sepultadas en el paganismo. Se está fuera de cuestión, cuando el hereje, cismático, o pagano ha dado signos de arrepentimiento, abjurando sus errores y falsas creencias y han abrazado la doctrina de la Iglesia. Si mueren arrepentidos, la Iglesia se porta con ellos como con cualquiera otro fiel que ha dejado de existir en unión con ella, dándoles sepultura eclesiástica y aplicán-

(41) The Homiletic and Pastoral Review, XXIV, 1061-1062

(42) Antipolo es un árbol donde se posó la estatua de la Virgen; el árbol en el dialecto propio tagalo significa árbol del pan; técnicamente en botánica se le da el nombre de Artacarpus incisa; hoy lleva el nombre de Antipolo el lugar en donde está el santuario.

doles los beneficios del sacrificio aún públicamente. Sin embargo, juzgo que no estará demás ilustrar a los fieles sobre el caso, cuando se dé, para que el sacerdote en su modo de obrar jamás sea piedra de escándalo a la grey que Dios lo confió, evitando tanto la admiración de los fieles, como la superstición de los infieles. No en vano la Iglesia obra con tanta prudencia, aplicando pública o privadamente los auxilios divinos, dejando a un lado cuanto huela a *Comunicatio in Divinis,* diciendo que la Iglesia, a pesar de la malicia humana, sigue fielmente los pasos trazados por Cristo Redentor y vigila y atiende hasta el último momento a todos los que han sido redimidos y rescatados por la sangre de un Dios hecho Hombre.

CAPITULO IV

INTEGRUM EST MISSAM APPLICARE PRO DEFUNCTIS PURGATORIO IGNE ADMISSA EXPIANTIBUS

Ha sido práctica común de la Iglesia ofrecer el sacrificio de la misa por los difuntos desde el tiempo de los Apóstoles y es un mandato apostólico. (1) Hasta el siglo doce probablemente no se tuvo la presente conmemoración de los muertos dicha en silencio. (2) La creencia de que los difuntos pueden ser ayudados por los sufragios de los vivos ha arraigado de tal manera en la conciencia cristiana, que muchos antes de la muerte piden a los ministros del Señor que se ruegue por ellos; piden lo que se llama sufragios antes de la muerte. Esto más que digno de reprobación, es digno de encomio y alabanza: vivens enim homo omnes fructus certo participat; el que manda durante su vida que se le ofrezcan ciertos sufragios, puede asistir a ellos y ser de algún modo oferente, asegurándose del fiel cumplimiento de su voluntad. El Papa Benedicto XV se expresó de esta manera en su Epístola dada en forma de Breve el 31 de Mayo de 1921. (3) (De Sodalitate a Bona Morte) Considerandu, praecipue est, fructus qui ex sacro percipiuntur: hominibus longe uberius vivis prodesse quam vita functis, cum iis, bene animatis et dispositis, magis directo, certius atque abundantius quam his applicentur: unde efficitur ut cum perseverantiae dono, quaeramusnobis facultatem adhuc vivis comparare tum placandae Dei justitiae, tum poenae, quae nobis in purgatorio igne moneret vel tollendae animo, vel valde saltem imminuendae. Quod si satis multi, obliviosi atque ingrati homines id committere consueverunt, ut ad animos eorum piandos quos habere carissimos videbantur augustum offerre sacrificium neglectant, sunt majore numero qui gravi cum spiritualium utilitatum jactura, illud ignorent, profuturum sibi multo magis missae sacrificium quod, se vivis ipsimet quam quod in ipsorum levamen defunctorum heredes, propinqui vel amici perlitari jusserint.

(1) Gihr, The Holy Sacrifice of the Mass, p. 668.
(2) Gihr, l. c.
(3) AAS., XIII, (1921) 334.

Entre los que ya dejaron de existir, se pueden considerar tres clases: aquellos que se hallan ya gozando de Dios en el cielo; los condenados que para siempre se verán privados de la gloria, siendo perpetuos sus tormentos y los pobres que aún cuando murieron en gracia, la divina Justicia aún no les considera aptos, para que gocen de su poderosa presencia en el cielo y están en el purgatorio, borrando las cicatrices que en ellos imprimió el pecado.

I

El Concilio Tridentino enseña que no es impostura celebrar el sacrificio en honor de los santos: Si quis diserit, imposturam esse, missas celebrare in honorem sanctorum, et pro illorum intercessione apud Deum obtinenda· sicut Ecclesia intendit; enathema sit, (4) a ellos nos encomendamos de una manera especial en el Canon de la misa y por el mismo fin los citamos en la misma parte de la misa; en el Canon de la misa no se encuentra nada erróneo, como lo afirma el mismo Conc: si quis dixerit, canonem missae errores continere, ideoque abrogandum esse, anathema sit. (5)

Atendida la naturaleza del sacrificio, no se aplica la misa rigorosamente hablando por aquellos que nos consta en el foro externo se hallan en el cielo; de aquí que cuando se dice que la misa se ha aplicado por los infantes bautizados (6) que murieron antes del uso de la razón, o por la Virgen o por los Santos, se habla en un sentido impropio; pues, propiamente hablando el sacrificio en este caso se ofrece a Dios solo, como latéutico, eucarístico e impetratorio. (7) Et quamvis in honorem et memoriam sanctorum nonnullas interdum missas Ecclesia celebrare consueverit; nono tamen illis sacrificium offerri docet, sed Deo soli, qui illos coronavit: unde nec sacerdos dicere solet· offero tibi sacrificium, Petre vel Paule; sed Deo de illorum victoriis gratias agens, eorum patrocinia implorat, ut ipsi pro nobis intercedere dignentur in coelis, quorum memoriam facimus in terris. (8) A los santos se les venera con culto y honor externo. (9) Cuando se invoca a los santos, es porque se espera obtener de Dios por medio de la intercesión de los mismos algún beneficio, es porque honrándoles de este modo, honramos y adoramos a Dios, ya que el honor y alabanza así tributada, más redunda en honor de Dios que ha sido el único que con su gracia ha embellecido a la criatura hasta el grado de santidad con que es proclamada en la tierra. (10) Así

(4) Sess. XXII, De Sacrif. Missae, c. V.
(5) l. cit.
(6) Por los niños bautizados que han muerto se ofrece como sacrificio eucarístico o en acción de gracias. S. Tom. in 4. dist. 12, q. 2. a. 1, q. 2, ad 2; se clige también que no se ha de celebrar misa de Requiem, no conviniendo al estado de los mismos.
(7) Cappello, op. cit., I, 490.
(8) Conc. Trid. Sess. XXII, De Sacrf. Missae, cap. III.
(9) Vermeesch, op. cit., II, 256.
(10) Durieux, op. cit., p. 38.

alabamos su nuevo estado, en donde se ven libres de la malicia del mundo y de las necesidades de la tierra, hambre, sed, trabajo, tristeza, pecado y muerte; así cantamos la victoria divina.

II

No se puede ofrecer la misa por los que se hallan en el infierno. Los condenados son incapaces de recibir el fruto del sacrificio. No ha faltado en el correr de los tiempos quién haya afirmado lo contrario. Prepósito en su tratado *Compendium Theologiae,* pretendía que el sacrificio podría ofrecerse por ellos, para libertarlos temporalmente de todas las penas hasta el último día de los tiempos y después del juicio, infoomando las almas de nuevo sus cuerpos fueran otra vez castigadas. (11) Otros lo han limitado a aquellos que no tienen ni cometieron crímenes notables, afirmando que a éstos les aprovecha el sacrificio de la misa, no para libertarlos de las penas eternas, pero sí para que el castigo sea más leve. (12) Algunos otros que se adhirieron a esta doctrina, afirmaron que si el sacrificio no les disminuía la pena ni les libraba de ella, al menos les fortalecía con la paciencia por la cual podían sufrir tales penas.

Es dogma de fé de que existe el infierno, lugar destinado por Dios para castigo eterno de aquellos que renegando de su Creador, sellaron su condenación con su inicua muerte. Para éstos el tesoro de la Iglesia, enriquecido con muchísimas indulgencias no existe; son seres desgraciados para siempre. Como consecuencia, está absolutamente prohibido aplicarles los sufragios con los que se remite y condona la culpa. La indulgencia supone clemencia y ellos no la conocen, se perdieron por su culpa. Dado caso que se aplicaron los sufragios, antes de servirlos de alivio, sería una injuria grande lanzada contra el Creador. La falsa teoría de que así se mitigan las penas o se les proporciona algún consuelo carece de fundamento y todos los teólogos rechazan esta opinión como contraria y perjudicial a las enseñanzas de Cristo, de la Iglesia y de la tradición. Pero de aquí a aplicar esta teoría a aquellos a quienes la muerte sorprendió, siendo pecadores públicos, va un mundo, porque nadie podrá afirmar que los tales fueron condenados, siendo inescrutables los juicios de Dios. No hay ley de la Iglesia, por la que el sacerdote se vea incapacitado de aplicar al menos privadamente los frutos ministeriales de la misa a los infortunados que a los ojos de todos, su pecado era público y manifiesto. Se cuenta de un tal Oranio idólatra que respondió a la pregunta hecha: Cumpro mortuis offers preces, nos interim aliquid lenimenti sentimus; historia que es apócrifa (13) Lo que se lee de Judas Machabeo (14) no vale para ejemplo, puesto a los que se re-

(11) Pasqualigo, op. cit. I, 159
(12) Glossae, in cap. tempus, verbo, pro valde 13. q. 2
(13) Bellarm. De Purgatorio, lib 2, cap. 18, ad 4.
(14) Machb., II, 12 y ss.

fiere, no se sabe si estaban en el infierno; otro tanto se ha de decir de una tal Falconia, librada de las penas del infierno por las oraciones de Santa Tecla y del alma de Trejano Emperador por las oraciones de S. Gregorio Papa. Todo no deja de ser una crasa y absurda fábula. (15) La razón más fuerte por la que se ha de afirmar que los condenados no son sujetos capaces de recibir los frutos del sacrificio, es que a los que estaban en el infierno ningún fruto les trajo la redención y la misa no se debe extender más de lo que se extendió la redención; la redención fué para ellos en vano, luego la misa es y será siempre para los condenados inútil.

III

Con ninguna otra prueba se puede empezar esta última parte que voy a comentar que con el decreto que el mismo Concilio Tridentino usa al iniciar la sesión vigésima cuarta. Cum catholica Ecclesia, Spiritu Sancto edocta ex sacris litteris, et antiqua patrum traditione, in sacris conciliis et novissime in oecumenica Synodo docuerit, purgatorium esse; animasque ibi detentas, fidelium suffragiis, potissimum vero acceptabili altaris sacrificio, juvari; praecipit sancta Synodus episcopis, ut sanam de purgatorio doctrinam a sanctis patribus, et scaris conciliis traditam, a Christi fidelibus credi, teneri, doceri et ubique praedicari diligenter studeant. Apud rudem vero plebem difficiliores ac subtiliores quaestiones, quaeque ad aedificationem nono faciunt, et ex quibus plerumquen nulla fit pietas accessio, a popularibus concionibus secludantur. Incerta item, vel quae specie falsi laborant, evulgari, ac tractari non permittant. Ea vero, quae ad curiositatem quandam, aut superstitionem spectant, vel turpe lucru, sapiunt, tamquam scandala et fidelium offendicula prohibeant. Curent autem episcopi, ut fidelium vivorum suffragia, missarum scilicet sacrificia, orationes eleemosynae, aliaque pietatis opera, quae a fidelibus pro aliis fidelibus defunctis fieri consueverunt, secundum Ecclesiae instituta, pie et devote fiant; et quae pro illis ex testatorum fundationibus, vel alia ratione debentur, non perfunctorie, sed a sacerdotibus et Ecclesiae ministris et aliis, qui hoc praestare tenentur, diligenter et accurate persolvantur. (16) Esta doctrina viene confortando a los cristianos a través de los siglos y en las liturgias de las Iglesias Latina y Oriental y en los innumerables decretos de los Sínodos y Concilios habidos en el correr de los siglos, se ha dejado gravada. Doctrina recogida y expuesta solemnemente por el Concilio Tridentino. La tradición es el argumento más fuerte para probar la creencia en la existencia del purgatorio, después del testimonio verídico de la Escritura.

(15) Bellarm. De Purgat., lib. 2, cap. 8; Canus, De Locis, lib. II, cap. 2.
(16) Sess. XXV, Decretum De Purgatorium.

En la Escritura se habla de los pecados que son perdonados por Dios. El Evangelista S. Mateo nos dice: Asegúrote de cierto que de allí no saldrás hasta que pagues el último maradeví. Es doctrina teológicamente cierta que la almas del purgatorio pueden ser ayudadas no solamente por la nación de la obra sino también por la obra obrada o en términos clásicos, no sólo ex opere operantis, sino también ex opere operato. (17) El sacrificio de la misa, ofrecido como sacrificio de propiciación, es útil y necesario para los difuntos no plenamente purificados: Pro defunctis in Christo nondum ad plenum purgatis o como dice el Conc. Trid: Si quis dixerit missae sacrificium tantum esse laudis et gratiarum actionis aut nudam commeroationem sacrificii in cruce peracti, non autem propiatiatorium; vel soli prodesse sumenti; neque pro vivis et defunctis, pro peccatis, poenis, satisfactionibus, et aliis necessitatibus offerri debere; anathema sit. (18) Esta doctrina ha de ser defendida; así lo exige la profesión de fé católica. Profiteor pariter in missa offerri Deo verum, proprium et propitiatorium sacrificium pro vivis et defunctis......... constanter teneo purgatorum esse animasque ibi detentas fidelium suffragiis juvari. (19) Item si vere poenitentes in Dei caritate decesserint, antequam dignis poenitentiae fructibus de commississatisfacerint, et omissis eorum animas poenis purgatorii post mortem purgarii; et ut a poenis hujusmodi releventur, et prodesse eis fidelium vivorum suffragia, missarum scilicet sacrificia, orationes et eleemosynas et alia pietatis officia, quae a fidelibus pro aliis fidelibus fieri consueverunt secundum Ecclesiae instituta. (20) Gregorio XIII repite las mismas palabras en la Const. Sanctissimus; Benedicto XIV esta fé en la profesión prescrita a los Maronitas (21) Graciano, recogiendo el sentir de los siglos cristianos, dice: Visum nobis est ut in omnibus missarum solemnibus pro defunctorum spiritibus loco competenti Dominus deprecetur; sicut enim nulla dies excipitur, qua non pro viventibus et pro quibuslivet necessitatibus Dominus deprecetur; ita nimirum nulla dies excipi debet, quin pro animabus fidelium preces Domino in missarum solemnibus fundatur. Antiquitus hunc morem sancta Ecclesia tenet ut et in missarum solemnibus et in aliis precibus Domino spiritus quiescentium commendet, dicente beato Augustino: non sunt praetermittendae supplicationes pro spiritibus defunctorum quas faciendas pro omnibus in christiana et catholica societate laudamus. Defunctorum etiam tacitis nominibus eorum quos sub generali commemoratione suscepit Ecclesia, ut quibus ad ista desunt parentes aut filii, aut quicumque cognati vel amici, ab una eis exhibeantur pia matre communi. (22) Benedicto XV, después de recordar que a través de los siglos hay

(17) S. Tom. Suppl., q. 71, a. 9.
(18) Sess. XXII, De Sacrf. Missae, c. 3.
(19) Fontes, n. 108.
(20) Eugenius IV (in Conc. Florent,) Const. Laetentur coeli, 6 Jul. 1439 Fontes, n. 51.
(21) Fontes, nn. 146; 335.
(22) C. 72, dist. I, de cons.

vestigios y argumentos indestructibles, como consta de las antiquísimas liturgias, de los escritos de los Santos Padres, y de una multitud de decretos, aconseja a todos y exhorta a toda la Iglesia que no olvide la magna obra que nos dejaron nuestros hermanos en la fe. Neque vero rationem agendi huic docendi rationi dissimilem umquam secuta est pia mater ecclesia; nullo enim tempore destitit Christi fideles vehementer hortari, ne paterentur, defunctorum animas iis carere utilitatibus, quae ab eodem missae sacrificio uberrime profluerent. Qua tamen in re hoc laude christiano populo verti debet, nunquam ejus pro defunctis studium industrianque defuisse: ac testis historia est, cum fidei caritatisque virtutes altius insiderent animis, actuosiorem tum operam et reges et populos, ubicu, que patebat catholicum nomen, in eluendas Purgatorii animas contulisse. (23) Nadie sabe el juicio del Omnipotente sobre las almas que ya dejaron de existir y se ignora por completo la sentencia fallada en el tribunal de la divina Justicia, siendo inútiles la temeridad y vana presunción al pretender juzgar las obras del Altísimo. Mientras los que han sido excomulgados, llamados vitandos gozan de la existencia, es permitida la misa por su conversión; pero y ¿después de la muerte? nadie sabe la suerte de los mismos, sino Dios. Recientemente se ha intentado distinguir entre pública y privada aplicación hecha por los difuntos no católicos, dando como buena la aplicación privada; pero esta división no tiene ningún fundamento en la ley, apareciendo por lo mismo irrealizable; pues donde la ley no distingue, ni nosotros debemos distinguir. Es por lo tanto insegura y dudosa la aplicación de la misa en este caso. (23) Chelodi es de opinión que la misa no puede ser ofrecida por un vitando que ha muerto en ese lamentable estado. (24) Pighi afirma que no puede ser ofrecido el sacrificio por un vitando a lo menos públicamente. (25) Cappello es de opinión que se puede aplicar la misa por los excomulgados con sentencia condenatoria o declaratoria, aun cuando no hubieran dado signos de penitencia a la hora de la muerte; pero se ha de aplicar—*privatim et remoto scandalo.* (26) Nadie puede afirmar ni en el foro externo el estado de condenación del que así murió, porque son muy secretos los misterios de la divina bondad y misericordia de Dios.

Según mi humilde opinión, creo que del tenor del canon no se debe de sacar la rotunda afirmación de que no se puede aplicar la misa por los vitandos que ya han muerto; pues, precisamente en la distinción marcada que hay entre los excomulgados que aún viven y en el silencio que se guarda con los que ya fueron juzgados de Dios, se deduce que mientras no sea en perjuicio de los fieles o de escándalo

(23) Fontes, n. 706.
(23) Gihr, op. cit., p. 187.
(24) Jus Poenale, n. 37
(25) Censurae Sententiae Latae et Irregularitates, n. 21.
(26) De Sacramentis, I, 498.

para las almas, con la cláusula privatim et remoto scandalo se puede hacer la aplicación. No hay duda que aquellos que murieron arrepentidos y dieron signos de penitencia, muriendo, estando unidos a la Iglesia, se les puede hacer la aplicación del sacrificio aún públicamente.

An liceat celebrare parentalia et ecclesiasticam sepulturam concere iis qui ante exitum receperunt sacramenta, attamen sectae masonicae nomen dederunt et in feretro tenent sectae ejusdem emblemata. Resp. Affirmative, servata forma Inocentii III, cap. A nobis, De Sent. Excom. ablatis insigniis sectae ab Ecclesia damnatae, et dummodo appositio emblematum demandata non fuerit a defuncto post receptionem sacramentorum ve ab eodem fuerit revocata; et amoveantur statim cognita eorum appositione, et omnino ante associationem cadaveris. Moneantur confessarii loci de obligatione exigendi retractationem ante sacramentalem absolutionem. (27) En cuanto a los catecúmenos que sin ninguna culpa suya murieron sin bautismo, es lícito, aún públicamente hacerles la aplicación. (28) Investigar en qué medida y cómo participa cada alma o almas por quienes se aplica el sacrificio y cuánto se abreviará el tiempo del sufrimiento no es cosa que pueda ser vista con la luz natural del humano entendimiento. El cristiano, movido por la fé que rige sus actos, por la caridad que le impulsa a hacer el bien a sus hermanos y por la esperanza que le promete un galardón eterno, mira con amor al purgatorio y busca cómo socorrer a aquellas almas que se hallan inquietas hasta que no descansen en Dios.

Teminaré con el mismo pensamiento que enuncié al principio: Naa hay más grande en la tierra que Jesucristo, y nada más grande hay en Jesucristo que el sacrificio Eucarístico. Si en este pequeño trabajo hay algo que desdiga de la verdad, cúlpese a mi pobre y débil inteligencia que está pronta a corregir el error.

(27) Fontes, 884.
(28) Can. 1239. 2.

BIBLIOGRAFIA

FUENTES

Acta Apostolicae Sedis (AAS), Romae, 1909.

Acta Sanctae Sedis (ASS), 41 vols., Romae, 1865-1908.

Biblia Sagrada, Bilbao, 1925.

Bullarium Diplomatum et Privilegiorum Sanctorum Pontificum Taurinesis editio, 24 vols., Augustae Taurinorum, 1857-1872.

Canones et Decreta Concilii Tridentini, 19 ed., Taurini, 1913.

Codex Juris Canonici Pii X Pontficis Maximi jussu digestus Benedecti Papae XV auctoritate promulgatus, Romae, 1918.

Codicis Juris Canonici Fontes, cura Emi. Petri Card. Gasparri edititi, 5 vols., Romae, 1925-1930.

Corpus Juris Canonici, Editio Lipsiensis II (Richter-Friedberg), 2 vols., Lipsiae, 1922.

Codex Juris Pontifici seu Canonici, 2 vols., Taurini, 1901.

Collectanea S. Congregationis de Propaganda Fide, (Coll.) 2 vols., Romae, 1907.

Concilio Provincial de Méjico, Méjico, 1769.

Card. Aguirre Saenz, **Collectio Maxima Conciliorum Hispaniae,** 4 vols., Romae, 1693.

Denzinger-Bannwart, **Enchiridion Symbolorum Definitionum et Declarationum de Rebus Fidei et Morum,** 14-15 ed., Friburgi Br., 1922.

Hardouin, Jean, **Acta Conciliorum et Epistolae Decretales ac Constitu-Summorum Pontificum,** 12 vols., Parisiis, 1715.

Hartzheim, Joseph, **Concilia Germaniae,** 12 tom., Coloniae Augustae Agrippinensium, 1759-1790.

Migne, Jacques, **Patrologiae cursus Completus, Series Latina,** 221 vols., **(MPL),** Parisiis, 1844-1855; **Series Greca,** 161 vols., **(MPG),** Parisiis, 1858-1864.

Mansi, Joannes Dominicus, **Sacrorum Conciliorum Nova et Amplissima Collectio,** 53 vols., Parisiis 1901-1927.

AUTORES

Thesaurus Resolutionum Sacrae Congregationis Concilii, 167 vols., Romae, 1718-1908.

Corpus Scriptorum Ecclesiasticorum Latinorum, Editum Consilio et Impensis Academiae Litterarum Caesariae Vindobonensis (Corpus Vindobonense), Vindobonae, 1866.

Alphosus, De Liguori, **Theologia Moralis,** 5 vols., Taurini, 1872.

Alzog, J., **Manual of Universal Church History,** 3 vols., traducida por F. J. Pabisch y Thos. S. Byrne, Cincinati, 1876.

Aertnys-Damen, **Theologia Moralis,** 2 vols., Taurini, 1928.

Augustine, Charles, **A Commentary on the New Code of Canon Law,** 2 ed., 8 vols., St. Louis, 1921-1924.

Barbosa, Agostino, **De Officio et Potestate Parochi,** Romae, 1774.

Bouix, D., **Tractatus de Parocho,** Parisiis-Bruxelis, 1867.

Bernard, **La Messe,** Paris, 1895.

Ballerini-Palmieri, **Opus Theologicum Morale,** 7 vols., Prati, 1890.

Bellarmini, R. **Opera Omnia,** 8 vols., Neapoli, 1872.

Bonaventura, **Opera omnia,** Ad Claras Aquas (Quaracchi) 1883-1891.

Bona, J., **Opera Omnia,** Antuerpiae, 1694.

Berlendi, F., **Delle Obblazioni all'Altare,** Venezia, 1736.

Benedicto XIV, **Pastoral de Nuestro Ssmo. Padre Benedicto XIV, Instrucciones Ecclesiast.,** 2 vols., Madrid, 1764.

Benedictus XIV, **De Synodo Dioecesana,** 2 vols., Romae, 1806.

Binham, J., **Antiquities of the Christian Church,** 2 vols., London, 1856.

Brightman, **Eastern and Western Liturgies,** Oxford, 1896.

Cerato Prosdocimus, **Censurae Vigentes ipso facto a Codice Juris Canonici excerptae,** Patavii, 1918.

Conley, Ch., **Handbook of the Divine Liturgy,** London, 1910.

Cocchi, Guidus, **Commentarium in Codicem Juris Canonici,** 8 vols., Taurinorum Augustae, 1925-1930.

Cappello, F. M., **Tractatus Canonico-Moralis de Sacramentis,** 3 vols., Romae, 1927.

Cappello, F. M., **Tractatus Canonico-Moralis de Censuris juxta Codicem Juris Canonici,** 2 ed., Taurinorum Augustae, 1925.

Chelodi, Joannes, **Jus poenale et Ordo Procedendi in Judiciis Criminalibus juxta Codicem Juris Canonici,** Tridentini, 1925.

Collet, P., **Institutiones Theologiae Moralis, 5 vols.,** Lugduni, 1768.

Durieux, P., **De Eucharistia,** Faribaut, 1926.

Covarruvias Didaci, **Opera Omnia,** Antuerpiae, 1538.

Du Cange, **Glosarium Mediae et Infimae Latinitatis,** 5 vols., Niot, 1885.

De Cmillis, **Institutiones Juris Canonici,** 3 vols., Parisiis, 1868.

Dionisius Carthusianus, **Opera Omnia**, 2 vols., Coloniae, 1532.
Duchesne, J., **The Early History of the Christian Church**, New York, 1909.
De La Taille **Mysterium Fidei**, París, 1904.
Foucart, G., **Histoire des Religions et methode comparative**, París, 1912.
Feratin, **Le Liber Mozarabe Sacramentorum**, París, 1912.
Fagnani, P., **Jus Canonicum, sive Commentarium in Decretales**, 4 vols., Venetiis, 1709.
Ferreres, J., **Compendium Theologiae Moralis**, 2 ed., post Codicem, 2 vols.
Ferreres, J., **Institutiones Canonicae juxta Novissimum Codicem Pii X a Benedicto XV promulgatum juxtaque praescripta Hispaniae Disciplinas et Americae Latinae**, 2 vols., Barcinone, 1918.
Fleury, Abbé C., **An Historical Account of the manner of the Christians**, London, 1698.
Espasa, **Diccionario Universal**, Barcelona, 1925.
Gavantus, B., **Thesaurus Sacrorum Rituum**, 2 vols., Coloniae, 1734-1736.
Gasparri, P., **Tractatus Canonicus de SS. Eucharistia**, 2 vols., Parisiis, 1897.
Garret, **The Mass in the Infant Church**, Dublin, 1909.
Genicot, E., **Institutiones Theologiae Moralis**, 10 ed., 2 vols., Bruxelis, 1922.
Geyer, **Itinera Hierosolimitana**, Vindobonae, 1898.
Gihr, N., **The Holy Sacrifice of the Mass**, traducido de la 6 ed., alemana, 8 ed., St. Louis, Mo. 1929.
Hefele Carl J., von, **Conciliengeschite**, 2 ed., 9 vols., Freibur, 1873-1890.
Hyland, F. E., **Excommunication, its nature, Historical development and effects**, Washington, 1928.
Hurtado, Th., **De Residentia**, 2 vols., Lugduni, 1669.
J. Byrne, **Assertio septem Sacramentorum**, Dublin, 1766.
Imitación de Cristo, Einsielden, 1909.
Keller, **Mass Stipends**, Washington, 1925.
John Breseley, **The Liturgy of the Mass**, Colen, 1620.
Kirsch, J., **The Doctrine of the Communion of the Saints in the ancient Church**, St. Louis, Mo. 1911.
Lambrecht, H., **De Sanctissimo Missae Sacrificio**, Lovanii, 1875.
Lecrerq, **Monumenta Ecclesiae Liturgica**, 6 vols., Paris, 1894.
Lehmkuhl, A., **Theologia Moralis**, 12 ed., 2 vols., Friburgi Brisgoviae, 1914.
Lafuente, M., **Historia General de España**, 6 vols., 1883.
Lugo, J., **Disputationes Echolesiasticae et Morales**, ed., nova, Vives, 8 vols., Paris, 1868-1869.
Duchesne, L., **Origines du culte chretien**, Paris, 1903.
Maruchi, H., **Basiliques et Eglises de Rome**, 1902.

Many, S., **Praelectiones de Locis Sacris,** Paris, 1904.
Maroto, Ph., **Institutiones Iuris Canonici,** 3 ed., 2 vols., Romae, 191911921.
Natalis, A., **Historia Ecclesiastica,** Parisiis, 1744.
Neander, A., **General History of the Christian Religion and Church,** traducida de la 2 ed., por Trrey J., 5 vols., Boston, 1859.
Ordo Romanus, ed., Atcley, London, 1905.
Navarrus, **Opera,** Romae, 1590.
Noldin, H., **Theologia Moralis,** 18 ed., 3 vols., Oeniponte, 1926.
Pallottini, S., **Collectio Omnium Conclusionum et Resolutionum quae in causis propositis apud S. Cong. Cardinalium S. Concilii Tridentini, Interpretum prodierunt ab anno 1564 ad annum 1860,** 17 vols., Romae, 1868-1893.
Rosset, M., **Theologia Dogmatico-Moralis,** Camberrii, 1876.
Sacramentario Gelasiano, ed., Wilson, Oxford, 1894.
Sacramentario Leoniano, ed., Feltoe, Cmbridge, 1896.
Sancti Benedicti Regula Monachorum, Butler C., Friburgi Br., 1912.
Pruemmer, D., **Manuela Theologiae Moralis,** 2 ed., 3 vols., Fribugi Br., 1923.
Suarez, F., **Opera Omnia,** 26 vols. Parisiis, 1856.
Pighi, J. B., **Censurae Sententiae Latae et Irregulares quos habet Codex Iuris Canonici,** Veronae, 1922.
Schmalzgrueber, F., **Jus Ecclesiasticum Universum,** 12 vols., Romae, 1843-1845.
Tournely, H., **Cursus Theologicus Scholastico-Dogmaticus et Moralis,** Coloniae Agripinae, 1752.
Thomas Aquinas, **Summa Theologica,** 2 ed., Romae, 1894.
Toletus, F., **In Summam Theologiae S. Thomae Aquinatis,** Romae, 1870.
Thenier, A., **Zagrabiae Bull. Romanum,** 14 vols., Romae, 1739.
Tomasini, L., **Antiphonarius S. Gregorii Papae,** Romae, 1691.
Vermeersch, A—Creusen, J., **Epitome Iuris Canonici,** 3 vols., Mechlnae-Romae, 1925-1927.
Pasqualigo Z., **De Sacrificio Novae Legis, Quaestiones Theologicas Morales et Juridicae,** 2 vols., Venezia, 1707.
Vermeersch, A - Creusen, J., **Theologia Moralis,** 3 vols., Romae, 1928.
Walfridus Strabo, **Liber De Exordiis et Incrementis quarumdam in observationibus Ecclesiasticis rerum,** ed., Dr. A. Knoepfler, Monachii, 1890.
Wernz, Franciscus, **Jus Decretalium ad Usum Praelectionum in Scholis Textus Canonici sive Juris Decretalium,** 6 vols., Prati, 1915.
Wernz-Vidal, **Jus Canonicum,** 3 vols., Romae, 1923-1927.
Woywod, S., **A Practical Commentary on the Code of Canon law,** 2 vols., New York, 1925.

REVISTAS

American Ecclesiastical Review, The (AER) Philadelphia, 1889.
Ciudad de Dios, refundida con España y América, con el título de **Religión y Cultura,** Real Monasterio del Escprial, Madrid, 1880.
Il Monitore Ecclesiastico (ME), Romae, 1888.
Nouvelle Revue Theologique (MRT), Paris, 1856.
The Homiletic and Pastoral Review, New York, 1900.

UNIVERSITAS CATHOLICA AMERICAE

WASHINGTON, D. C.

FACULTAS IURIS CANONICI

1931

No. 62

DEUS LUX MEA

TITULI

QUOS

AD DOCTORATUS GRADUM

IN

JURE CANONICO

APUD UNIVERSITATEM CATHOLICAM AMERICAE

CONSEQUENDUM

PUBLICE PROPUGNABIT

LUIS ANGULO MARTINEZ

SACERDOS CONGREGATIONIS MISSIONIS

JURIS CANONICI LICENTIATUS

HORA IX A. M. DIE XX MAII MCMXXXI

TITULI

DE JURE CANONICO

I. De dissertatione.
II. De Historia Juris Canonici.

III.	Canones 1-7	De Ambitu Codicis.
IV.	Canones 8-24	De Legibus Ecclesiasticis.
V.	Canones 25-30	De Consuetudine.
VI.	Canones 31-35	De Temporis Supputatione.
VII.	Canones 63-79	De Privilegiis.
VIII.	Canones 80-86	De Dispensationibus.
IX.	Canones 87-107	Generales Notiones de Personis.
X.	Canones 111-117	De Clericorum Adscriptione Alicui Dioecesi.
XI.	Canones 118-123	De Juribus et Privilegiis Clericorum.
XII.	Canones 124-144	De Obligationibus Clericorum.
XIII.	Canones 145-195	De Officiis Ecclesiasticis.
VIX.	Canones 196-210	De Potestate Ordinaria et Delegata.
XV.	Canones 211-214	De Reductione Clericorum ad Statum Laicalem.
XVI.	Canones 487-498	De Notione Religionis, et de Erectione et Suppressione Religionis, Provinciae, Domus.
XVII.	Canones 499-537	De religionum Regimine.
XVIII.	Canones 538-586	De Admissione in Religionem.
XVIX.	Canones 673-681	De Societatibus sive Virorum sive Mulierum in Communi Viventium sine Votis.
XX.	Canones 1012-1018	De Matrimonio in Genere.
XXI.	Canones 1019-1034	De Iis quae Matrimonii Celebrationi Praemitti Debent.
XXII.	Canones 1035-1057	De Impedimentis in Genere.
XXIII.	Canones 1058-1066	De Impedimentis Impedientibus.
XIV.	Canones 1067-1080	De Impedimentis Dirimentibus.
XXV.	Canones 1081-1093	De Consensu Matrimoniali.
XXVI.	Canones 1552-1568	De Notione Judicii et de Foro Competenti.
XXVII.	Canones 1569-1607	De Variis Tribunalium Gradibus et Speciebus.
XXVIII.	Canones 1608-1645	De Disciplina in Tribunalibus Servanda.
XXIX.	Canones 1646-1666	De Partibus in Causa.

XXX.	Canones 1667-1705	De Actionibus et Exceptionibus.
XXXI.	Canones 1706-1725	De Causae Introductione.
XXXII.	Canones 1726-1746	De Litis Contestatione, de Litis Instantia, et de Interrogationibus in Judicio Faciendis.
XXXIII.	Canones 1747-1836	De Probationibus.
XXXIV.	Canones 1837-1857	De Causis Incidentibus.
XXXV.	Canones 1858-1877	De Processus Publicatione, de Conclusione in Causa, de Causae Discussione, et de Sententia.
XXXVI.	Canones 1879-1891	De Appellatione.
XXXVII.	Canones 1902-1907	De Re Judicata et de Restitutione in Integrum.
XXXVIII.	Canones 1908-1916	De Expensis Judicialibus.
XXXIX.	Canones 2195-2198	De Natura Delicti Ejusque Divisione.
XL.	Canones 2199-2211	De Imputabilitate Delicti, de Causis illam Aggravantibus vel Minuentibus, et de Juridicis Delicti Effectibus.
XLI.	Canones 2212-2213	De Conatu Delicti.
XLII.	Canones 2214-2240	De Poenis in Genere.
XLIII.	Canones 2241-2285	De Poenis Medicinalibus seu de Censuris.
XLIV.	Canones 2286-2305	De Poenis Vindicativis.
XLV.	Canones 2306-2313	De Remedis Poenalibus et Poenitentiis.

XLVI. The Periods of Roman Law.
XLVII. The sources of Roman Law.
XLVIII. Personality.
XLIX. Slavery.
L. Citizenship.
LI. Patria Potestas.
LII. Personae in Manu.
LIII. Personae in Mancipio.
LIV. Tutela et Cura.
LV. Ownership.
LVI. De Obligationibus in Genere.
LVII. De Obligationibus Extra-Contractualibus.
LVIII. Furtum.
LIX. Damnum Injuria Datum.
LX. Injuria.

Vidit Facultas:

PHILIPPUS BERNARDINI, S.T.D., J.U.D., Decanus.
LUDOVICUS H. MOTRY, S.T.D., J.C.D., a Secretis.
VALENTINUS T. SCHAAF, O.F.M., J.C.D.
FRANCISCUS J. LARDONE, S.T.D., J.U.D.

Vidit Rector Magnificus Universitatis:

JACOBUS HUGO RYAN, Ph.D., S.T.D., LL.D., Litt. D.

CATHOLIC UNIVERSITY OF AMERICA

Canon Law Studies

1. **Freriks, Rev. Celestine A.,** C.PP.S., J.C.D., Religious Congregations in Their External Relations, 121 pp., 1916.
2. **Galliher, Rev. Daniel M.,** O.P., J.C.D., Canonical Elections, 117 pp., 1917.
3. **Borkowski, Rev. Aurelius L.,** O.F.M., J.C.D., de Confraternitatibus Ecclesiasticis, 136 pp., 1918.
4. **Castillo, Rev. Cayo,** J.C.D. Disertación Histórico-canónica sobre la Potestad del Cabildo en Sede Vacante o Impedida del Vicario Capitular, 99 pp., 1919 (1918).
5. **Kubelbeck, Rev. William J.,** S.T.B., J.C.D., The Sacred Penitentiaria and its Relations to Faculties of Ordinaries and Priests, 129 pp., 1918.
6. **Petrovits, Rev. Joseph J. C.,** S.T.D., J.C.D., The New Church Law on Matrimony, X-461 pp., 1919.
7. **Hickey, Rev. John J.,** S.T.B., J.C.D., Irregularities and Simple Impediments in the New Code of Canon Law, 100 pp., 1920.
8. **Klekotka, Rev. Peter J.,** S.T.B., J.C.D., Diocesan Consultors, 179 pp., 1920.
9. **Wannenmacher, Rev. Francis,** J.C.D., The Evidence in Ecclesiastical Procedure Affecting the Marriage Bond, 1920. (Not Printed.)
10. **Golden, Rev. Henry Francis,** J.C.D., Parochial Benefices in the New Code, IV-119 pp., 1921. (Printed 1925.)
11. **Koudelka, Rev. Charles J.,** J.C.D., Pastors, Their Rights and Duties According to the New Code of Canon Law, 211 pp., 1921.
12. **Melo, Rev. Antonius,** O.F.M., J.C.D., De Exemptione Regularium, X-188 pp., 1921.
13. **Schaaf, Rev. Valentine Theodore,** O.F.M., S.T.B., J.C.D., The Cloister, X-180 pp., 1921.
14. **Burke, Rev. Thomas Joseph,** S.T.B., J.C.D., Competence in Ecclesiastical Tribunals, IV-117 pp., 1922.
15. **Leech, Rev. George Leo,** J.C.D., A Comparative Study of the Constitution 'ñApostolicae Sedis" and the "Codex Juris Canonici," 179 pp., 1922.
16. **Motry, Rev. Hubert Louis,** S.T.D., J.C.D., Diocesan Faculties according to the Code of Canon Law, II-167 pp., 1922.
17. **Murphy, Rev. George Lawrence,** J.C.D., Delinquencies and Penalties in the Administration and Reception of the Sacramets, IV-121 pp., 1923.
18. **O'Reilly, Rev. John Anthony,** S.T.B., J.C.D., Ecclesiastical Sepulture in the New Code of Canon Law, II-129 pp., 1923.
19. **Michalicka, Rev. Wenceslas Cyrill,** O.S.B., J.C.D., Judicial Procedure in Dismissal of Clerical Exempt Religious, 107 pp., 1923.

20. **Dargin, Rev. Edward Vincent,** S.T.B., J.C.D., Reserved Cases According to the Code of Canon Law, IV-103 pp., 1924.
21. **Godfrey, Rev. John A.,** S.T.B., J.C.D., The Right of Patronage According to the Code of Canon Law, 153 pp., 1924.
22. **Hagedorn, Rev. Francis Edward,** J.C.D., General Legislation on Indulgences, II-154 pp., 1924.
23. **King, Rev. James Ignatius,** J.C.D., The Administration of the Sacraments to Dying Non-Catholics, V-141 pp., 1924.
24. **Winslow, Rev. Francis Joseph,** A.F.M., J.C.D., Vicars and Prefects Apostolic, IV-149 pp., 1924.
25. **Correa, Rev. José Servelion,** S.T.L., J.C.D., La Potesdad Legislativa de la Iglesia Católica, IV-127 pp., 1925.
26. **Dugan, Rev. Henry Francis,** M.A., J.C.D., The Judiciary Department of the Diocesan Curia, 87 pp., 1925.
27. **Keller, Rev. Charles Frederick,** S.T.B., J.C.D., Mass Stipends, 167 pp., 1925.
28. **Paschang, Rev. John Linus,** J.C.D., The Sacramentals According to the Code of Canon Law, 129 pp., 1925.
29. **Piontek, Rev. Cyrillus,** O.F.M., S.T.B., J.C.D., De Indulto Exclaustrationis necnon Saecularizationis, XIII-289 pp., 1925.
30. **Kearney, Rev. Richard Joseph,** S.T.B., J.C.D,. Sponsors at Baptism According to the Code of Canon Law, IV-127 pp., 1925.
31. **Bartlett, Rev. Chester Joseph,** A.M., LL.B., J.C.D., The Tenure of Parochial Property in the United States of America, V-108 pp., 1926.
32. **Kilker, Rev. Adrian Jerome,** J.C.D., Extreme Unction, V-425 pp., 1926.
33. **McCormick, Rev. Robert Emmet,** J.C.D., Confessors of Religious, VIII-266 pp., 1926.
34. **Miller, Rev. Newton Thomas,** J.C.D., Founded Masses According to the Code of Canon Law, VII-93 pp., 1926.
35. **Roelker, Rev. Edward G.,** S.T.D., J.C.D., Principles of Privilege According to the Code of Canon Law, XI-166 pp., 1926.
36. **Bakalarczyk, Rev. Richardus,** M.I.C., J.U.D., De Novitiatu, VIII-208 pp., 1927.
37. **Pizzuti, Rev. Lawrence,** O.F.M., J.U.L., De Parochis religiosis, 1927. (Not Printed).
38. **Bliley, Rev. Nicholas Martin,** O.S.B., J.C.D., Altars According to the Code of Canon Law, XIX-132 pp., 1927.
39. **Brown, Brendan Francis,** A.B., LL.M., J.U.D., The Canonical Juristic Personality with Special Reference to its Status in the United States of America, V-212 pp., 1927.
40. **Cavanaugh, Rev. William Thomas,** C.P., J.U.D., The Reservation of the Blessed Sacrament, VIII-101 pp., 1927.
41. **Doheny, Rev. William J.,** C.S.C., A.B., J.U.D., Church Property: Modes of Acquisition, X-118 pp., 1927.
42. **Feldhaus, Rev. Aloysius H.,** C.PP.S., J.C.D., Oratories, IX-141 pp., 1927.
43. **Kelly, Rev. James Patrick,** A.B., J.C.D., The Jurisdiction of the Simple Confessor, X-208 pp., 1927.
44. **Neuberger, Rev. Nicholas J.,** J.C.D., Canon 6 or the Relation of the Codex Juris Canonici to the Preceding Legislation, V-95 pp., 1927.
45. **O'Keeffe, Rev. Gerald Michael,** J.C.D., Matrimonial Dispensations, Powers of Bishops, Priests, and Confessors, VIII-232 pp., 1927.
46. **Quigley, Rev. Joseph,** A.M., A.B., J.C.D., Condemned Societies, 139 pp., 1927.

47. **Zaplotnik, Rev. Ioannes Leo,** J.C.D., De Vicariis Foraneis, X-142 pp., 1927.
48. **Duskie, Rev. John Aloysius,** A.B., J.C.D., The Canonical Status of the Orientals in the United States, VIII-1926 pp., 1928.
49. **Hyland, Rev. Francis Edward,** J.C.D., Excommunication, its Nature, Historical Development and Effects, VIII-181 pp., 1928.
50. **Reinmann, Rev. Gerald Joseph,** O.M.C., J.C.D., The Third Order Secular of St. Francis, 201 pp., 1928.
51. **Schenk, Rev. Francis J.,** J.C.D., The Matrimonial Impediments of Mixed Religion and Disparity of Cult, XVI-318 pp., 1929.
52. **Coady, Rev. John Joseph,** S.T.D., J.U.D., A.M., The Appointment of Pastors, VIII-150 pp., 1929.
53. **Kay, Rev. Thomas Henry,** J.C.D., Competence in Matrimonial Procedure, VIII-164 pp., 1929.
54. **Turner, Rev. Sidney Joseph,** C.P., J.U.D., The Vow of Poverty, XLIX-217 pp., 1929.
55. **Kearney, Rev. Raymond A.,** A.B., S.T.D., J.C.D., The Principles of Delegation, VII-149 pp., 1929.
56. **Conran, Rev. Edward James,** A.B., J.C.D., The Interdict, V-163 pp., 1930.
57. **O'Neill, Rev. William H.,** J.C.D., Papal Rescripts of Favor, VII-219 pp., 1930.
58. **Bastnagel, Rev. Clement Vincent,** J.U.D., The Appointment of Parochial Adjutants and Assistant, X-107, 1930.
59. **Ferry, Rev. William A.,** A.B., J.C.D., Stole Fees, X-107, 1930.
60. **Costello, Rev. John Michael,** A.B., J.C.D., Domicile and Quasi-Domicile, VII-201 pp., 1930.
61. **Kremer, Rev. Michael Nicholas,** A.B., S.T.B., J.C.D., Church Support in the United States, VI-137, 1930.
62. **Angulo, Rev. Luis Martínez, C. M.,** J.C.L., Legislación de la Iglesia Católica sobre la intención en la aplicación de la Misa, 1931.
63. **Frey, Rev. Wolfgang N.,** O.S.B., A.B., J.C.L., The Act of Religious Profession, 1931.
64. **Roberts, Rev. James B.,** A. B., J.C.L., The Banns of Marriage, 1931.
65. **Ryder, Rev. Raymond A.,** A.B., J.C.L., Simony, 1931.
66. **Campagna, Rev. Michael A.,** Ph.B., J.U.L., Il Vicario Generale del Vescovo, 1931.
67. **Cox, Rev. Joseph G.,** A.B., J.C.L., The Administration of Seminaries, 1931.
68. **Gregory, Rev. Donald J.,** S.T.B., J.U.L., The Pauline Privilege, 1931.
69. **Donohue, Rev. John F.,** M.A., J.C.L., The Impediment of Crime, 1931.
70. **Dooly, Rev. Eugene,** O.M.I., J.C.L., Church Law on Sacred Relics, 1931.

VIDA

Luis Angulo Martínez nació en Tardajos, Burgos, España el 20 de Junio del año 1896. Recibió la primera educación en la escuela de su mismo pueblo. Se matriculó en el Colegio que la Congregación de la Misión tiene en Tardajos en Septiembre, 1908. Ingresó en el Noviciado de la Congregación de la Misión en Septiembre, 1912. Recibió el Sacerdocio en Madrid, Julio 10, 1921. Fué destinado a Filipinas el mismo año. El 1929 fué enviado a la Universidad Católica de América en Washington, D.C., en donde se matriculó en la Escuela de Derecho Canónico.

www.ingramcontent.com/pod-product-compliance
Lightning Source LLC
LaVergne TN
LVHW050159080826
844660LV00012B/319

* 9 7 8 0 8 1 3 2 2 2 5 1 6 *